高等学校财经类专业实践系列教材

财务会计实训

◎主　编　程　岩　蒲银花　王家升

西安电子科技大学出版社

内 容 简 介

本书共分为 4 章，内容包括财税基础知识、会计实训规范、综合实训内容、会计凭证及有关账页。

本书根据财会专业培养方案要求，按照企业运行环节，结合经济业务流程安排结构体系，通过呈现企业真实日常业务活动，增强学生的学习、动手兴趣。

本书可作为高等院校财会相关专业的教学实训用书，也可作为企业财务从业人员的实践指导用书和管理人员的培训用书。

图书在版编目 (CIP) 数据

财务会计实训 / 程岩，蒲银花，王家升主编 . —西安：西安电子科技大学出版社，2023.6
ISBN 978-7-5606-6867-3

Ⅰ . ①财… Ⅱ . ①程… ②蒲… ③王… Ⅲ . ①财务会计 Ⅳ . ①F234.4

中国国家版本馆 CIP 数据核字 (2023) 第 080012 号

策　　划	刘玉芳　刘统军	责任编辑	刘玉芳
出版发行	西安电子科技大学出版社 (西安市太白南路 2 号)		
电　　话	(029)88202421　88201467	邮　　编	710071
网　　址	www.xduph.com	电子邮箱	xdupfxb001@163.com
经　　销	新华书店	印刷单位	陕西天意印务有限责任公司
版　　次	2023 年 6 月第 1 版　　2023 年 6 月第 1 次印刷		
开　　本	787 毫米 × 1092 毫米　1/16	印　　张	19.75
字　　数	316 千字	印　　数	1～3000 册
定　　价	49.00 元		

ISBN 978-7-5606-6867-3 / F

XDUP 7169001-1

*** 如有印装问题可调换 ***

本书立足于工贸企业，通过模拟真实企业业务，将具体业务与财务、税务融合，即将业、财、税融合，让使用者能够掌握企业业务、财务、税务处理，同时满足财会类学生对实践的要求，帮助使用者快速融入职业生涯。

本书的创新点如下：

(1) 内容方面，契合税收政策完善和税务管理加强，加入了流转税和所得税的税务核算和报税业务，弥补了同类教材仅关注会计核算而忽视税务处理的不足。

(2) 业务流程及闭合方面，契合会计由核算会计向管理会计转型，避免会计成为脱离业务的信息孤岛，实现业务和财务的融合。

本书详尽地展示了工贸企业在一个会计期间月度的月初、月末需要集中处理的业务，月中从采购到生产再到销售的整个业务流程，并给出了现实工作中每笔业务的实训流程。书中相关原始单据翔实，手续、内部流程完善、健全，弥补了现有相关教材仅关注财务而忽视业务的不足。

本书能够满足高等院校财会相关专业的教学实训和教学指导需求，也可满足企业财务从业人员的实践指导和管理人员的培训需求。

由于编者水平有限，书中难免存在不足之处，恳请各位读者批评指正。

编 者

2023 年 3 月

目录 CONTENTS

第一章 财税基础知识

第一节 财务基础知识...1
一、账务处理程序...1
二、科目汇总表账务处理程序...1
第二节 税务基础知识...3
一、增值税及纳税申报表...3
二、消费税及纳税申报表...32
三、企业所得税及纳税申报表...53

第二章 会计实训规范

第一节 书写规范...70
一、数字书写规范...70
二、文字书写规范...72
第二节 会计凭证的填制及审核...72
一、原始凭证的填制及审核...72
二、记账凭证的填制及审核...74
第三节 会计报表的编制...76
一、科目汇总表的编制...76
二、会计账簿的编制...76
三、财务报告的编制...82

第三章 综合实训内容

第一节 模拟企业简介...88
一、金望公司基础资料...88

　　二、往来客商相关信息 90

　　三、会计核算相关事项 90

第二节　模拟企业期初资料 91

第三节　本期经济业务及实训具体要求 93

　　一、金望公司 11 月业务 93

　　二、金望公司 12 月业务 96

第四章　会计凭证及有关账页

第一节　原始凭证 107

　　一、金望公司 11 月业务原始单据 107

　　二、金望公司 12 月业务原始单据 115

第二节　账簿及申报表 170

　　一、丁字账 170

　　二、科目汇总表 174

　　三、记账凭证序时簿 177

　　四、总分类账试算平衡表 178

　　五、资产负债表和利润表 179

　　六、增值税纳税申报表 182

　　七、消费税纳税申报表 192

　　八、企业所得税纳税申报表 195

　　九、记账凭证 200

　　十、日记账、总账和明细账账页 204

参考文献 208

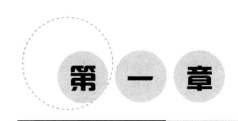

财税基础知识

第一节　财务基础知识

一、账务处理程序

账务处理程序又称为会计核算组织程序，是指对会计数据的记录、归类、汇总、陈报的步骤和方法，即从原始凭证的整理、汇总，记账凭证的填制、汇总，日记账、明细分类账的登记，到会计报表编制的步骤和方法。账务处理程序的基本模式可以概括为：原始凭证—记账凭证—会计账簿—会计报表。

常用的账务处理程序主要有记账凭证账务处理程序、汇总记账凭证账务处理程序、科目汇总表账务处理程序、多栏式日记账账务处理程序和日记总账账务处理程序。

在日常账务处理中，科目汇总表账务处理程序运用得较多，其他账务处理程序使用较少，因此，我们主要介绍这种账务处理程序。

二、科目汇总表账务处理程序

科目汇总表账务处理程序又称为记账凭证汇总表账务处理程序，它是根据记账凭证定期编制科目汇总表，再根据科目汇总表登记总分类账的一种账务处理程序。科目汇总表是登记总账的依据。

科目汇总表，又称为记账凭证汇总表，是企业定期对全部记账凭证进行汇总后，按照不同的会计科目分别列示各账户借方发生额和贷方发生额的一种汇总凭证。

1. 科目汇总表的编制方法

科目汇总表的编制是科目汇总表账务处理程序的核心。其编制方法如下：根据一定时期内的全部记账凭证，按照会计科目进行归类，定期（每 10 天、15 天或每月）汇总出每一个账户的借方本期发生额和贷方本期发生额，填写在科目汇总表的相关栏内，以反映全部账户的借方本期发生额和贷方本期发生额。登记总分类账时，只要将科目汇总表中各科目的借方发生额和贷方发生额分次或一次记入相应总分类账户的借方或贷方。

按会计科目汇总后，分别加总所有会计科目的借方发生额和贷方发生额，进行发生额的试算平衡，公式为

$$所有会计科目的本期借方发生额合计 = 所有会计科目的本期贷方发生额合计$$

2. 科目汇总表账务处理程序的流程

科目汇总表账务处理程序的流程如下：

(1) 根据原始凭证编制汇总原始凭证；

(2) 根据原始凭证、汇总原始凭证编制记账凭证；

(3) 根据收款凭证、付款凭证逐笔登记库存现金日记账、银行存款日记账；

(4) 根据原始凭证、汇总原始凭证、记账凭证登记各种明细分类账；

(5) 根据各种记账凭证编制科目汇总表；

(6) 根据科目汇总表登记总分类账；

(7) 期末，将库存现金日记账、银行存款日记账和明细分类账的余额同有关总分类账的余额核对；

(8) 期末，根据总分类账、明细分类账编制纳税申报表、会计报表。

根据上述流程可得科目汇总表账务处理程序，如图 1-1 所示。

3. 科目汇总表账务处理程序的特点

特点：先定期把全部记账凭证按科目汇总，编制科目汇总表，然后根据科目汇总表登记总分类账。

使用凭证：收款凭证、付款凭证、转账凭证。

使用的账簿同记账凭证账务处理程序。

4. 科目汇总表账务处理程序的优缺点及适用范围

优点：可以减少登记总分类账的工作量；可以起到试算平衡的作用，保证总分类账登记的正确性。

缺点：不能反映账户的对应关系；不便于分析和检查经济业务的过程，不便于查对账目。

适用范围：所有经济类型的单位，尤其是经济业务较多的单位。

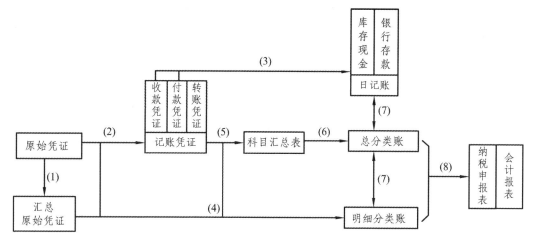

图 1-1　科目汇总表账务处理程序

第二节　税务基础知识

一、增值税及纳税申报表

（一）增值税基础知识

增值税指在中华人民共和国境内销售货物或者加工、修理修配劳务（以下简称"劳务"），销售服务、无形资产、不动产以及进口货物的单位和个人就其取得的增值额为课税对象征收的一种流转税。增值税纳税人分为一般纳税人和小规模纳税人。对一般纳税人，就其销售货物或者劳务，销售服务、无形资产、不动产以及进口货物的增加值征税，基本税率为13%，低税率为9%、6%，出口货物税率为0(国务院另有规定的除外)，实行购进扣税法，即

$$应纳税额 ＝ 当期销项税额 － 当期进项税额$$

对小规模纳税人，实行简易办法计算应纳税额，征收率为 5%、3%，即

$$应纳税额 = 当期销售额 × 征收率$$

增值税的纳税期限分别为 1 日、3 日、5 日、10 日、15 日、1 个月或者 1 个季度。纳税人的具体纳税期限由主管税务机关根据纳税人应纳税额的大小分别核定；不能按照固定期限纳税的，可以按次纳税。

纳税人以 1 个月或者 1 个季度为 1 个纳税期的，自期满之日起 15 日内申报纳税；以 1 日、3 日、5 日、10 日或者 15 日为 1 个纳税期的，自期满之日起 5 日内预缴税款，于次月 1 日起 15 日内申报纳税并结清上月应纳税款。

提示：纳税申报期一般为次月 1 日起至 15 日止，遇最后一日为法定节假日的，顺延 1 日；在每月 1 日至 15 日内有连续 3 日以上法定休假日的，按休假日天数顺延。

增值税纳税申报流程见图 1-2。

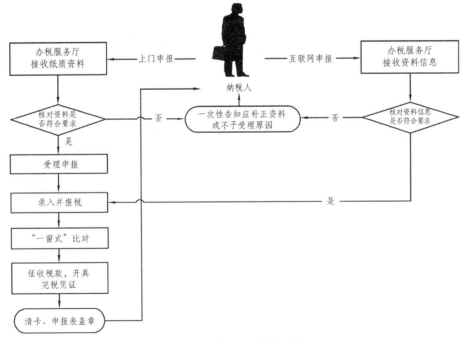

图 1-2　增值税纳税申报流程

（二）增值税纳税申报表样表及填写说明

由于增值税小规模纳税人的纳税申报较为简单，因此，我们主要探讨增值税一般纳税人的纳税申报。

1. 增值税及附加税费申报表

增值税及附加税费申报表（一般纳税人适用）见表1-1。

表 1-1 增值税及附加税费申报表
(一般纳税人适用)

根据国家税收法律法规及增值税相关规定制定本表。纳税人不论有无销售额，均应按税务机关核定的纳税期限填写本表，并向当地税务机关申报。

税款所属时间：自 年 月 日至 年 月 日　　　　　　填表日期： 年 月 日　　　　　金额单位：元（列至角分）

纳税人识别号（统一社会信用代码）：□□□□□□□□□□□□□□□□□□　　　所属行业：

纳税人名称：		法定代表人姓名		注册地址		生产经营地址	
开户银行及账号			登记注册类型			电话号码	

项　目		栏次	一般项目		即征即退项目	
			本月数	本年累计	本月数	本年累计
销售额	（一）按适用税率计税销售额	1				
	其中：应税货物销售额	2				
	应税劳务销售额	3				
	纳税检查调整的销售额	4				
	（二）按简易办法计税销售额	5				
	其中：纳税检查调整的销售额	6				
	（三）免、抵、退办法出口销售额	7			—	—
	（四）免税销售额	8			—	—
	其中：免税货物销售额	9			—	—
	免税劳务销售额	10			—	—

项　目		栏次	一般项目		即征即退项目	
			本月数	本年累计	本月数	本年累计
税款计算	销项税额	11				
	进项税额	12				
	上期留抵税额	13				—
	进项税额转出	14				
	免、抵、退应退税额	15			—	—
	按适用税率计算的纳税检查应补缴税额	16			—	—
	应抵扣税额合计	17 = 12 + 13 - 14 - 15 + 16		—		—
	实际抵扣税额	18(如 17 < 11，则为 17，否则为 11)				
	应纳税额	19 = 11 - 18				
	期末留抵税额	20 = 17 - 18				—
	简易计税办法计算的应纳税额	21				
	按简易计税办法计算的纳税检查应补缴税额	22			—	—
	应纳税额减征额	23				
	应纳税额合计	24 = 19 + 21 - 23				
税款缴纳	期初未缴税额 (多缴为负数)	25				
	实收出口开具专用缴款书退税额	26			—	—
	本期已缴税额	27 = 28 + 29 + 30 + 31				
	① 分次预缴税额	28		—		—
	② 出口开具专用缴款书预缴税额	29				
	③ 本期缴纳上期应纳税额	30				

续表二

项　目		栏次	一般项目		即征即退项目	
			本月数	本年累计	本月数	本年累计
税款缴纳	④ 本期缴纳欠缴税额	31				
	期末未缴税额（多缴为负数）	32＝24＋25＋26－27				
	其中：欠缴税额（≥0）	33＝25＋26－27		—		—
	本期应补（退）税额	34＝24－28－29		—		—
	即征即退实际退税额	35	—	—		
	期初未缴查补税额	36			—	—
	本期入库查补税额	37			—	—
	期末未缴查补税额	38＝16＋22＋36－37			—	—
附加税费	城市维护建设税本期应补（退）税额	39			—	—
	教育费附加本期应补（退）费额	40			—	—
	地方教育附加本期应补（退）费额	41			—	—
声明：　此表是根据国家税收法律法规及相关规定填写的，本人(单位)对填报内容(及附带资料)的真实性、可靠性、完整性负责。 　　　　　　　　　　　　　　　　　　　　　　　　　　　纳税人（签章）：　　　年　月　日						
经办人： 经办人身份证号： 代理机构签章： 代理机构统一社会信用代码：			受理人： 受理税务机关（章）：　　　受理日期：　　　年　月　日			

◆ 填写说明

(1) 税款所属时间：纳税人申报的增值税应纳税额的所属时间，应填写具体的起止年、月、日。

(2) 填表日期：纳税人填写本表的具体日期。

(3) 纳税人识别号 (统一社会信用代码)：填写纳税人的统一社会信用代码或纳税人识别号。

(4) 所属行业：按照国民经济行业分类与代码中的小类行业填写。

(5) 纳税人名称：填写纳税人单位名称全称。

(6) 法定代表人姓名：填写纳税人法定代表人的姓名。

(7) 注册地址：填写纳税人税务登记证所注明的详细地址。

(8) 生产经营地址：填写纳税人实际生产经营地的详细地址。

(9) 开户银行及账号：填写纳税人开户银行的名称和纳税人在该银行的结算账户号码。

(10) 登记注册类型：按纳税人税务登记证的栏目内容填写。

(11) 电话号码：填写可联系到纳税人的常用电话号码。

(12) "即征即退项目"列：填写纳税人按规定享受增值税即征即退政策的货物、劳务和服务、不动产、无形资产的征 (退) 税数据。

(13) "一般项目"列：填写除享受增值税即征即退政策以外的货物、劳务和服务、不动产、无形资产的征 (免) 税数据。

(14) "本年累计"列：一般填写本年度内各月"本月数"之和。其中，第 13、20、25、32、36、38 栏及第 18 栏"实际抵扣税额""一般项目"列的"本年累计"分别按本填写说明第 (27)(34)(39)(46)(50)(52)(32) 条要求填写。

(15) 第 1 栏"(一) 按适用税率计税销售额"：填写纳税人本期按一般计税方法计算缴纳增值税的销售额。该销售额包含：在财务上不作销售但按税法规定应缴纳增值税的视同销售和价外费用的销售额；外贸企业作价销售进料加工复出口货物的销售额；税务、财政、审计部门检查后按一般计税方法计算调整的销售额。

营业税改征增值税的纳税人，服务、不动产和无形资产有扣除项目的，本栏应填写扣除之前的不含税销售额。

本栏"一般项目"列"本月数"=《附列资料 (一)》第 9 列第 1 至 5 行之和 - 第 9 列第 6、7 行之和。

本栏"即征即退项目"列"本月数"=《附列资料 (一)》第 9 列第 6、7 行之和。

(16) 第 2 栏"其中：应税货物销售额"：填写纳税人本期按适用税率计算增值税的应税货物的销售额。它包含在财务上不作销售但按税法规定应缴纳增值税的视同销售和价外费用的销售额，以及外贸企业作价销售进料加工复出口货物的销售额。

(17) 第 3 栏"应税劳务销售额"：填写纳税人本期按适用税率计算增值税的应税劳务的销售额。

(18) 第 4 栏"纳税检查调整的销售额"：填写纳税人因税务、财政、审计部门检查，并按一般计税方法在本期计算调整的销售额。但享受增值税即征即退政策的货物、劳务和服务、不动产、无形资产，经纳税检查属于偷税的，不填入"即征即退项目"列，而应填入"一般项目"列。

营业税改征增值税的纳税人，服务、不动产和无形资产有扣除项目的，本栏应填写扣除之前的不含税销售额。

本栏"一般项目"列"本月数"=《附列资料（一）》第 7 列第 1 至 5 行之和。

(19) 第 5 栏"（二）按简易办法计税销售额"：填写纳税人本期按简易计税方法计算增值税的销售额。它包含纳税检查调整按简易计税方法计算增值税的销售额。

营业税改征增值税的纳税人，服务、不动产和无形资产有扣除项目的，本栏应填写扣除之前的不含税销售额；服务、不动产和无形资产按规定汇总计算缴纳增值税的分支机构，其当期按预征率计算缴纳增值税的销售额也填入本栏。

本栏"一般项目"列"本月数"≥《附列资料（一）》第 9 列第 8 至 13b 行之和 - 第 9 列第 14、15 行之和。

本栏"即征即退项目"列"本月数"≥《附列资料（一）》第 9 列第 14、15 行之和。

(20) 第 6 栏"其中：纳税检查调整的销售额"：填写纳税人因税务、财政、审计部门检查，并按简易计税方法在本期计算调整的销售额。但享受增值税即征即退政策的货物、劳务和服务、不动产、无形资产，经纳税检查属于偷税的，不填入"即征即退项目"列，而应填入"一般项目"列。

营业税改征增值税的纳税人，服务、不动产和无形资产有扣除项目的，本栏应填写扣除之前的不含税销售额。

(21) 第 7 栏"（三）免、抵、退办法出口销售额"：填写纳税人本期适用免、抵、退税办法的出口货物、劳务和服务、无形资产的销售额。

营业税改征增值税的纳税人，服务、无形资产有扣除项目的，本栏应填写扣除之前的销售额。

本栏"一般项目"列"本月数"=《附列资料（一）》第 9 列第 16、17 行之和。

(22) 第 8 栏"（四）免税销售额"：填写纳税人本期按照税法规定免征增值税的销售额和适用零税率的销售额，但零税率的销售额中不包括适用免、抵、退税办法的销售额。

营业税改征增值税的纳税人，服务、不动产和无形资产有扣除项目的，本栏应填写扣除之前的免税销售额。

本栏"一般项目"列"本月数"=《附列资料（一）》第 9 列第 18、19 行之和。

(23) 第 9 栏"其中：免税货物销售额"：填写纳税人本期按照税法规定免征增值税的货物销售额及适用零税率的货物销售额，但零税率的销售额中不包括适用免、抵、退税办法出口货物的销售额。

(24) 第 10 栏"免税劳务销售额"：填写纳税人本期按照税法规定免征增值税的劳务销售额及适用零税率的劳务销售额，但零税率的销售额中不包括适用免、抵、退税办法的劳务的销售额。

(25) 第 11 栏"销项税额"：填写纳税人本期按一般计税方法计的货物、劳务和服务、不动产、无形资产的销项税额。

营业税改征增值税的纳税人，服务、不动产和无形资产有扣除项目的，本栏应填写扣除之后的销项税额。

本栏"一般项目"列"本月数"=《附列资料（一）》（第 10 列第 1、3 行之和 - 第 10 列第 6 行）+（第 14 列第 2、4、5 行之和 -

第 14 列第 7 行)。

本栏"即征即退项目"列"本月数"=《附列资料 (一)》第 10 列第 6 行 + 第 14 列第 7 行。

(26) 第 12 栏"进项税额":填写纳税人本期申报抵扣的进项税额。

本栏"一般项目"列"本月数"+"即征即退项目"列"本月数"=《附列资料 (二)》第 12 栏"税额"。

(27) 第 13 栏"上期留抵税额":"本月数"按上一税款所属期申报表第 20 栏"期末留抵税额""本月数"填写。本栏"一般项目"列"本年累计"不填写。

(28) 第 14 栏"进项税额转出":填写纳税人已经抵扣,但按税法规定本期应转出的进项税额。

本栏"一般项目"列"本月数"+"即征即退项目"列"本月数"=《附列资料 (二)》第 13 栏"税额"。

(29) 第 15 栏"免、抵、退应退税额":反映税务机关退税部门按照出口货物、劳务和服务、无形资产免、抵、退办法审批的增值税应退税额。

(30) 第 16 栏"按适用税率计算的纳税检查应补缴税额":填写税务、财政、审计部门检查,按一般计税方法计算的纳税检查应补缴的增值税税额。

本栏"一般项目"列"本月数"≤《附列资料 (一)》第 8 列第 1 至 5 行之和 +《附列资料 (二)》第 19 栏。

(31) 第 17 栏"应抵扣税额合计":填写纳税人本期应抵扣进项税额的合计数。按表中所列公式计算填写。

(32) 第 18 栏"实际抵扣税额":"本月数"按表中所列公式计算填写。本栏"一般项目"列"本年累计"不填写。

(33) 第 19 栏"应纳税额":反映纳税人本期按一般计税方法计算并应缴纳的增值税额。

① 适用加计抵减政策的纳税人,按以下公式填写:

本栏"一般项目"列"本月数"=第 11 栏"销项税额""一般项目"列"本月数"-第 18 栏"实际抵扣税额""一般项目"列"本月数"-"实际抵减额";

本栏"即征即退项目"列"本月数"=第 11 栏"销项税额""即征即退项目"列"本月数"-第 18 栏"实际抵扣税额""即征即退项目"列"本月数"-"实际抵减额"。

适用加计抵减政策的纳税人是指按照规定计提加计抵减额,并可从本期适用一般计税方法计算的应纳税额中抵减的纳税人 (下同)。"实际抵减额"是指按照规定可从本期适用一般计税方法计算的应纳税额中抵减的加计抵减额,分别对应《附列资料 (四)》第 6 行"一般项目加计抵减额计算"、第 7 行"即征即退项目加计抵减额计算"的"本期实际抵减额"列。

② 其他纳税人按表中所列公式填写。

(34) 第 20 栏"期末留抵税额":"本月数"按表中所列公式填写。本栏"一般项目"列"本年累计"不填写。

(35) 第21栏"简易计税办法计算的应纳税额"：反映纳税人本期按简易计税方法计算并应缴纳的增值税额，但不包括按简易计税方法计算的纳税检查应补缴税额。按以下公式计算填写：

本栏"一般项目"列"本月数"=《附列资料（一）》（第10列第8、9a、10、11行之和－第10列第14行）+（第14列第9b、12、13a、13b行之和－第14列第15行）；

本栏"即征即退项目"列"本月数"=《附列资料（一）》第10列第14行+第14列第15行。

营业税改征增值税的纳税人，服务、不动产和无形资产按规定汇总计算缴纳增值税的分支机构，应将预征增值税额填入本栏。预征增值税额=应预征增值税的销售额×预征率。

(36) 第22栏"按简易计税办法计算的纳税检查应补缴税额"：填写纳税人本期因税务、财政、审计部门检查并按简易计税方法计算的纳税检查应补缴税额。

(37) 第23栏"应纳税额减征额"：填写纳税人本期按照税法规定减征的增值税应纳税额。它包含按照规定可在增值税应纳税额中全额抵减的增值税税控系统专用设备费用以及技术维护费。

当本期减征额小于或等于第19栏"应纳税额"与第21栏"简易计税办法计算的应纳税额"之和时，按本期减征额实际填写；当本期减征额大于第19栏"应纳税额"与第21栏"简易计税办法计算的应纳税额"之和时，按本期第19栏与第21栏之和填写。本期减征额不足抵减部分结转下期继续抵减。

(38) 第24栏"应纳税额合计"：反映纳税人本期应缴增值税的合计数。按表中所列公式计算填写。

(39) 第25栏"期初未缴税额（多缴为负数）"："本月数"按上一税款所属期申报表第32栏"期末未缴税额（多缴为负数）""本月数"填写，"本年累计"按上年度最后一个税款所属期申报表第32栏"期末未缴税额（多缴为负数）""本年累计"填写。

(40) 第26栏"实收出口开具专用缴款书退税额"：本栏不填写。

(41) 第27栏"本期已缴税额"：反映纳税人本期实际缴纳的增值税额，但不包括本期入库的查补税款。按表中所列公式计算填写。

(42) 第28栏"①分次预缴税额"：填写纳税人本期已缴纳的准予在本期增值税应纳税额中抵减的税额。

营业税改征增值税的纳税人，分以下几种情况填写：

① 服务、不动产和无形资产按规定汇总计算缴纳增值税的总机构，其可以从本期增值税应纳税额中抵减的分支机构已缴纳的税款，按当期实际可抵减数填入本栏，不足抵减部分结转下期继续抵减。

② 销售建筑服务并按规定预缴增值税的纳税人，其可以从本期增值税应纳税额中抵减的已缴纳的税款，按当期实际可抵减数填入本栏，不足抵减部分结转下期继续抵减。

③ 销售不动产并按规定预缴增值税的纳税人，其可以从本期增值税应纳税额中抵减的已缴纳的税款，按当期实际可抵减数填入

本栏，不足抵减部分结转下期继续抵减。

④ 出租不动产并按规定预缴增值税的纳税人，其可以从本期增值税应纳税额中抵减的已缴纳的税款，按当期实际可抵减数填入本栏，不足抵减部分结转下期继续抵减。

(43) 第29栏"②出口开具专用缴款书预缴税额"：本栏不填写。

(44) 第30栏"③本期缴纳上期应纳税额"：填写纳税人本期缴纳上一税款所属期应缴未缴的增值税额。

(45) 第31栏"④本期缴纳欠缴税额"：反映纳税人本期实际缴纳和留抵税额抵减的增值税欠税额，但不包括缴纳入库的查补增值税额。

(46) 第32栏"期末未缴税额（多缴为负数）"："本月数"反映纳税人本期期末应缴未缴的增值税额，但不包括纳税检查应缴未缴的税额，按表中所列公式计算填写。"本年累计"与"本月数"相同。

(47) 第33栏"其中：欠缴税额（≥0）"：反映纳税人按照税法规定已形成欠税的增值税额，按表中所列公式计算填写。

(48) 第34栏"本期应补（退）税额"：反映纳税人本期应纳税额中应补缴或应退回的数额，按表中所列公式计算填写。

(49) 第35栏"即征即退实际退税额"：反映纳税人本期因符合增值税即征即退政策规定而实际收到的税务机关退回的增值税额。

(50) 第36栏"期初未缴查补税额"："本月数"按上一税款所属期申报表第38栏"期末未缴查补税额""本月数"填写，"本年累计"按上年度最后一个税款所属期申报表第38栏"期末未缴查补税额""本年累计"填写。

(51) 第37栏"本期入库查补税额"：反映纳税人本期因税务、财政、审计部门检查而实际入库的增值税额，包括按一般计税方法计算并实际缴纳的查补增值税额和按简易计税方法计算并实际缴纳的查补增值税额。

(52) 第38栏"期末未缴查补税额"："本月数"反映纳税人接受纳税检查后应在本期期末缴纳而未缴纳的查补增值税额，按表中所列公式计算填写。"本年累计"与"本月数"相同。

(53) 第39栏"城市维护建设税本期应补（退）税额"：填写纳税人按税法规定应当缴纳的城市维护建设税。本栏"一般项目"列"本月数"=《附列资料（五）》第1行第11列。

(54) 第40栏"教育费附加本期应补（退）费额"：填写纳税人按规定应当缴纳的教育费附加。本栏"一般项目"列"本月数"=《附列资料（五）》第2行第11列。

(55) 第41栏"地方教育附加本期应补（退）费额"：填写纳税人按规定应当缴纳的地方教育附加。本栏"一般项目"列"本月数"=《附列资料（五）》第3行第11列。

2. 增值税及附加税费申报表附列资料（一）

增值税及附加税费申报表附列资料（一）（本期销售情况明细）见表1-2。

表1-2 增值税及附加税费申报表附列资料（一）

(本期销售情况明细)

税款所属时间： 年 月 日至 年 月 日

纳税人名称：（公章） 金额单位：元（列至角分）

项目及栏次			开具增值税专用发票		开具其他发票		未开具发票		纳税检查调整		合计			服务、不动产和无形资产扣除项目本期实际扣除金额	扣除后	
			销售额	销项（应纳）税额	销售额	销项（应纳）税额	销售额	销项（应纳）税额	销售额	销项（应纳）税额	销售额	销项（应纳）税额	价税合计		含税（免税）销售额	销项（应纳）税额
			1	2	3	4	5	6	7	8	$9=1+3+5+7$	$10=2+4+6+8$	$11=9+10$	12	$13=11-12$	$14=13÷(100\%+税率或征收率)×税率或征收率$
一、一般计税方法计税	全部征税项目	13%税率的货物及加工修理修配劳务	1											—	—	—
		13%税率的服务、不动产和无形资产	2													
		9%税率的货物及加工修理修配劳务	3											—	—	—
		9%税率的服务、不动产和无形资产	4													
		6%税率	5													
	其中：即征即退项目	即征即退货物及加工修理修配劳务	6	—	—	—	—	—	—	—	—				—	—	—
		即征即退服务、不动产和无形资产	7	—	—	—	—	—	—	—	—						

续表

二、简易计税方法计税	全部征税项目	6%征收率	8					—	—			—	—	—	—
		5%征收率的货物及加工修理修配劳务	9a					—	—			—	—	—	—
		5%征收率的服务、不动产和无形资产	9b					—	—			—	—	—	—
		4%征收率	10					—	—			—	—	—	—
		3%征收率的货物及加工修理修配劳务	11					—	—			—	—	—	—
		3%征收率的服务、不动产和无形资产	12					—	—			—	—	—	—
		预征率 %	13a					—	—			—	—	—	—
		预征率 %	13b					—	—			—	—	—	—
		预征率 %	13c					—	—			—	—	—	—
	其中：即征即退项目	即征即退货物及加工修理修配劳务	14	—	—	—	—	—	—			—	—	—	—
		即征即退服务、不动产和无形资产	15	—	—	—	—	—	—			—	—	—	—
三、免抵退税		货物及加工修理修配劳务	16	—	—		—	—	—			—	—	—	—
		服务、不动产和无形资产	17	—	—		—	—	—			—	—	—	—
四、免税		货物及加工修理修配劳务	18					—	—			—	—	—	—
		服务、不动产和无形资产	19	—	—		—	—	—			—	—	—	—

◆ **填写说明**

"税款所属时间""纳税人名称"的填写同《增值税及附加税费申报表 (一般纳税人适用)》(以下简称 "主表")。

1) 各列说明

(1) 第 1 至 2 列 "开具增值税专用发票"：反映本期开具增值税专用发票 (含税控机动车销售统一发票，下同) 的情况。

(2) 第 3 至 4 列 "开具其他发票"：反映除增值税专用发票以外本期开具的其他发票的情况。

(3) 第 5 至 6 列 "未开具发票"：反映本期未开具发票的销售情况。

(4) 第 7 至 8 列 "纳税检查调整"：反映经税务、财政、审计部门检查并在本期调整的销售情况。

(5) 第 9 至 11 列 "合计"：按照表中所列公式填写。

营业税改征增值税的纳税人，服务、不动产和无形资产有扣除项目的，第 1 至 11 列应填写扣除之前的征 (免) 税销售额、销项 (应纳) 税额和价税合计额。

(6) 第 12 列 "服务、不动产和无形资产扣除项目本期实际扣除金额"：营业税改征增值税的纳税人，服务、不动产和无形资产有扣除项目的，按《附列资料 (三)》第 5 列对应各行次数据填写，其中本列第 5 栏等于《附列资料 (三)》第 5 列第 3 行与第 4 行之和；服务、不动产和无形资产无扣除项目的，本列填写 "0"。其他纳税人不填写。

营业税改征增值税的纳税人，服务、不动产和无形资产按规定汇总计算缴纳增值税的分支机构，当期服务、不动产和无形资产有扣除项目的，填入本列第 13 行。

(7) 第 13 列 "扣除后""含税 (免税) 销售额"：营业税改征增值税的纳税人，服务、不动产和无形资产有扣除项目的，本列各行次 = 第 11 列对应各行次 - 第 12 列对应各行次。其他纳税人不填写。

(8) 第 14 列 "扣除后""销项 (应纳) 税额"：营业税改征增值税的纳税人，按以下要求填写本列，其他纳税人不填写。

① 服务、不动产和无形资产按照一般计税方法计税：

本列第 2 行、第 4 行：若本行第 12 列为 0，则该行次第 14 列等于第 10 列；若本行第 12 列不为 0，则仍按照第 14 列所列公式计算。计算后的结果与纳税人实际计提销项税额有差异的，按实际填写。

本列第 5 行 = 第 13 列 ÷ (100% + 对应行次税率) × 对应行次税率。

本列第 7 行按一般计税方法计税的 "即征即退服务、不动产和无形资产" 具体填写要求见 "各行说明" 第 (2) 条第②项第三点的说明。

② 服务、不动产和无形资产按照简易计税方法计税：

本列各行次 = 第 13 列 ÷ (100% + 对应行次征收率) × 对应行次征收率。

本列第 13 行 "预征率　%" 不按本列的说明填写，具体填写要求见 "各行说明" 第 (4) 条第②项。

③ 服务、不动产和无形资产实行免抵退税或免税的，本列不填写。

2）各行说明

（1）第 1 至 5 行"一、一般计税方法计税""全部征税项目"各行：按不同税率和项目分别填写按一般计税方法计算增值税的全部征税项目。有即征即退征税项目的纳税人，本部分数据中既包括即征即退征税项目，又包括不享受即征即退政策的一般征税项目。

（2）第 6 至 7 行"一、一般计税方法计税""其中：即征即退项目"各行：只反映按一般计税方法计算增值税的即征即退项目。按照税法规定不享受即征即退政策的纳税人，不填写本行。即征即退项目是全部征税项目的其中数。

① 第 6 行"即征即退货物及加工修理修配劳务"：反映按一般计税方法计算增值税且享受即征即退政策的货物和加工修理修配劳务。本行不包括服务、不动产和无形资产的内容。

本行第 9 列"合计""销售额"栏：反映按一般计税方法计算增值税且享受即征即退政策的货物及加工修理修配劳务的不含税销售额。该栏不按第 9 列所列公式计算，应按照税法规定据实填写。

本行第 10 列"合计""销项（应纳）税额"栏：反映按一般计税方法计算增值税且享受即征即退政策的货物及加工修理修配劳务的销项税额。该栏不按第 10 列所列公式计算，应按照税法规定据实填写。

② 第 7 行"即征即退服务、不动产和无形资产"：反映按一般计税方法计算增值税且享受即征即退政策的服务、不动产和无形资产。本行不包括货物及加工修理修配劳务的内容。

本行第 9 列"合计""销售额"栏：反映按一般计税方法计算增值税且享受即征即退政策的服务、不动产和无形资产的不含税销售额。服务、不动产和无形资产有扣除项目的，按扣除之前的不含税销售额填写。该栏不按第 9 列所列公式计算，应按照税法规定据实填写。

本行第 10 列"合计""销项（应纳）税额"栏：反映按一般计税方法计算增值税且享受即征即退政策的服务、不动产和无形资产的销项税额。服务、不动产和无形资产有扣除项目的，按扣除之前的销项税额填写。该栏不按第 10 列所列公式计算，应按照税法规定据实填写。

本行第 14 列"扣除后""销项（应纳）税额"栏：反映按一般计税方法征收增值税且享受即征即退政策的服务、不动产和无形资产实际应计提的销项税额。服务、不动产和无形资产有扣除项目的，按扣除之后的销项税额填写；服务、不动产和无形资产无扣除项目的，按本行第 10 列填写。该栏不按第 14 列所列公式计算，应按照税法规定据实填写。

（3）第 8 至 12 行"二、简易计税方法计税""全部征税项目"各行：按不同征收率和项目分别填写按简易计税方法计算增值税的全部征税项目。有即征即退征税项目的纳税人，本部分数据中既包括即征即退项目，也包括不享受即征即退政策的一般征税项目。

（4）第 13a 至 13c 行"二、简易计税方法计税""预征率 %"：反映营业税改征增值税的纳税人，服务、不动产和无形资产按规定汇总计算缴纳增值税的分支机构，预征增值税销售额、预征增值税应纳税额。其中，第13a 行"预征率　％"适用于所有实行汇总计算缴纳增值税的分支机构纳税人；第13b、13c 行"预征率　％"适用于部分实行汇总计算缴纳增值税的铁路运输纳税人。

① 第13a 至13c 行第1 至6 列按照销售额和销项税额的实际发生数填写。

② 第13a 至13c 行第14 列，纳税人按"应预征缴纳的增值税=应预征增值税销售额×预征率"公式计算后据实填写。

(5) 第14 至15 行"二、简易计税方法计税""其中：即征即退项目"各行：只反映按简易计税方法计算增值税的即征即退项目。按照税法规定不享受即征即退政策的纳税人，不填写本行。即征即退项目是全部征税项目的其中数。

① 第14 行"即征即退货物及加工修理修配劳务"：反映按简易计税方法计算增值税且享受即征即退政策的货物及加工修理修配劳务。本行不包括服务、不动产和无形资产的内容。

本行第9 列"合计""销售额"栏：反映按简易计税方法计算增值税且享受即征即退政策的货物及加工修理修配劳务的不含税销售额。该栏不按第9 列所列公式计算，应按照税法规定据实填写。

本行第10 列"合计""销项 (应纳) 税额"栏：反映按简易计税方法计算增值税且享受即征即退政策的货物及加工修理修配劳务的应纳税额。该栏不按第10 列所列公式计算，应按照税法规定据实填写。

② 第15 行"即征即退服务、不动产和无形资产"：反映按简易计税方法计算增值税且享受即征即退政策的服务、不动产和无形资产。本行不包括货物及加工修理修配劳务的内容。

本行第9 列"合计""销售额"栏：反映按简易计税方法计算增值税且享受即征即退政策的服务、不动产和无形资产的不含税销售额。服务、不动产和无形资产有扣除项目的，按扣除之前的不含税销售额填写。该栏不按第9 列所列公式计算，应按照税法规定据实填写。

本行第10 列"合计""销项 (应纳) 税额"栏：反映按简易计税方法计算增值税且享受即征即退政策的服务、不动产和无形资产的应纳税额。服务、不动产和无形资产有扣除项目的，按扣除之前的应纳税额填写。该栏不按第10 列所列公式计算，应按照税法规定据实填写。

本行第14 列"扣除后""销项 (应纳) 税额"栏：反映按简易计税方法计算增值税且享受即征即退政策的服务、不动产和无形资产实际应计提的应纳税额。服务、不动产和无形资产有扣除项目的，按扣除之后的应纳税额填写；服务、不动产和无形资产无扣除项目的，按本行第10 列填写。

(6) 第16 行"三、免抵退税""货物及加工修理修配劳务"：反映适用免、抵、退税政策的出口货物、加工修理修配劳务。

(7) 第17 行"三、免抵退税""服务、不动产和无形资产"：反映适用免、抵、退税政策的服务、不动产和无形资产。

(8) 第18 行"四、免税""货物及加工修理修配劳务"：反映按照税法规定免征增值税的货物及劳务和适用零税率的出口货物及劳务,但零税率的销售额中不包括适用免、抵、退税办法的出口货物及劳务。

(9) 第 19 行"四、免税""服务、不动产和无形资产":反映按照税法规定免征增值税的服务、不动产、无形资产和适用零税率的服务、不动产、无形资产,但零税率的销售额中不包括适用免、抵、退税办法的服务、不动产和无形资产。

3. 增值税及附加税费申报表附列资料(二)

增值税及附加税费申报表附列资料(二)(本期进项税额明细)见表 1-3。

表 1-3 增值税及附加税费申报表附列资料(二)
(本期进项税额明细)

税款所属时间: 年 月 日至 年 月 日

纳税人名称:(公章)   金额单位:元(列至角分)

一、申报抵扣的进项税额				
项目	栏次	份数	金额	税额
(一)认证相符的增值税专用发票	1 = 2 + 3			
其中:本期认证相符且本期申报抵扣	2			
前期认证相符且本期申报抵扣	3			
(二)其他扣税凭证	4 = 5 + 6 + 7 + 8a + 8b			
其中:海关进口增值税专用缴款书	5			
农产品收购发票或者销售发票	6			
代扣代缴税收缴款凭证	7	—		
加计扣除农产品进项税额	8a	—	—	
其他	8b			
(三)本期用于购建不动产的扣税凭证	9			
(四)本期用于抵扣的旅客运输服务扣税凭证	10			
(五)外贸企业进项税额抵扣证明	11	—	—	
当期申报抵扣进项税额合计	12 = 1 + 4 + 11			

二、进项税额转出额		
项目	栏次	税额
本期进项税额转出额	13 = 14 至 23 之和	
其中：免税项目用	14	
集体福利、个人消费	15	
非正常损失	16	
简易计税方法征税项目用	17	
免抵退税办法不得抵扣的进项税额	18	
纳税检查调减进项税额	19	
红字专用发票信息表注明的进项税额	20	
上期留抵税额抵减欠税	21	
上期留抵税额退税	22	
异常凭证转出进项税额	23a	
其他应作进项税额转出的情形	23b	

三、待抵扣进项税额				
项目	栏次	份数	金额	税额
（一）认证相符的增值税专用发票	24	—	—	—
期初已认证相符但未申报抵扣	25			
本期认证相符且本期未申报抵扣	26			
期末已认证相符但未申报抵扣	27			
其中：按照税法规定不允许抵扣	28			
（二）其他扣税凭证	29 = 30 至 33 之和			

续表二

项目	栏次	份数	金额	税额
其中：海关进口增值税专用缴款书	30			
农产品收购发票或者销售发票	31			
代扣代缴税收缴款凭证	32		—	
其他	33			
	34			
四、其他				
项目	栏次	份数	金额	税额
本期认证相符的增值税专用发票	35			
代扣代缴税额	36		—	—

◆ 填写说明

(1)"税款所属时间""纳税人名称"的填写同主表。

(2)第 1 至 12 栏"一、申报抵扣的进项税额"：分别反映纳税人按税法规定符合抵扣条件，在本期申报抵扣的进项税额。

第 1 栏"(一)认证相符的增值税专用发票"：反映纳税人取得的认证相符本期申报抵扣的增值税专用发票情况。该栏应等于第 2 栏"本期认证相符且本期申报抵扣"与第 3 栏"前期认证相符且本期申报抵扣"数据之和。适用取消增值税发票认证规定的纳税人，通过增值税发票选择确认平台选择用于抵扣的增值税专用发票，视为"认证相符"（下同）。

第 2 栏"其中：本期认证相符且本期申报抵扣"：反映本期认证相符且本期申报抵扣的增值税专用发票的情况。本栏是第 1 栏的其中数，本栏只填写本期认证相符且本期申报抵扣的部分。

第 3 栏"前期认证相符且本期申报抵扣"：反映前期认证相符且本期申报抵扣的增值税专用发票的情况。辅导期纳税人依据税务机关告知的稽核比对结果通知书及明细清单注明的稽核相符的增值税专用发票填写本栏。本栏是第 1 栏的其中数。

纳税人本期申报抵扣的收费公路通行费增值税电子普通发票（以下简称"通行费电子发票"）应当填写在第 1 至 3 栏对应栏次中。

第 1 至 3 栏中涉及的增值税专用发票均不包含从小规模纳税人处购进农产品时取得的专用发票，但购进农产品未分别核算用于生产销售 13% 税率货物和其他货物服务的农产品进项税额情况除外。

第 4 栏"(二)其他扣税凭证"：反映本期申报抵扣的除增值税专用发票之外的其他扣税凭证的情况。具体包括：海关进口增值税专用缴款书、农产品收购发票或者销售发票(含农产品核定扣除的进项税额)、代扣代缴税收缴款凭证、加计扣除农产品进项税额和其他符合政策规定的扣税凭证。该栏应等于第 5 至 8b 栏之和。

第 5 栏"其中：海关进口增值税专用缴款书"：反映本期申报抵扣的海关进口增值税专用缴款书的情况。按规定执行海关进口增值税专用缴款书先比对后抵扣的，纳税人需依据税务机关告知的稽核比对结果通知书及明细清单注明的稽核相符的海关进口增值税专用缴款书填写本栏。

第 6 栏"农产品收购发票或者销售发票"：反映纳税人本期购进农业生产者自产农产品取得(开具)的农产品收购发票或者销售发票情况。从小规模纳税人处购进农产品时取得增值税专用发票情况填写在本栏，但购进农产品未分别核算用于生产销售 13% 税率货物和其他货物服务的农产品进项税额情况除外。

"税额"栏 = 农产品收购发票或者销售发票上注明的农产品买价 × 9% + 增值税专用发票上注明的金额 × 9%。

上述公式中的"增值税专用发票"是指纳税人从小规模纳税人处购进农产品时取得的专用发票。

执行农产品增值税进项税额核定扣除办法的，填写当期允许抵扣的农产品增值税进项税额，不填写"份数""金额"。

第 7 栏"代扣代缴税收缴款凭证"：填写本期按规定准予抵扣的完税凭证上注明的增值税额。

第 8a 栏"加计扣除农产品进项税额"：填写纳税人将购进的农产品用于生产销售或委托受托加工 13% 税率货物时加计扣除的农产品进项税额。该栏不填写"份数""金额"。

第 8b 栏"其他"：反映按规定本期可以申报抵扣的其他扣税凭证情况。纳税人按照规定不得抵扣且未抵扣进项税额的固定资产、无形资产、不动产，发生用途改变，用于允许抵扣进项税额的应税项目，可在用途改变的次月将按公式计算出的可以抵扣的进项税额填入本栏"税额"中。

第 9 栏"(三)本期用于购建不动产的扣税凭证"：反映按规定本期用于购建不动产的扣税凭证上注明的金额和税额。

购建不动产是指纳税人 2016 年 5 月 1 日后取得并在会计制度上按固定资产核算的不动产或者 2016 年 5 月 1 日后取得的不动产在建工程。取得不动产，包括以直接购买、接受捐赠、接受投资入股、自建以及抵债等各种形式取得不动产，不包括房地产开发企业自行开发的房地产项目。

本栏次包括第 1 栏中本期用于购建不动产的增值税专用发票和第 4 栏中本期用于购建不动产的其他扣税凭证。本栏"金额"≥ 0 且"税额"≥ 0。

第 10 栏"(四)本期用于抵扣的旅客运输服务扣税凭证"：反映按规定本期购进旅客运输服务所取得的扣税凭证上注明或按规定

计算的金额和税额。本栏次包括第 1 栏中按规定本期允许抵扣的购进旅客运输服务取得的增值税专用发票和第 4 栏中按规定本期允许抵扣的购进旅客运输服务取得的其他扣税凭证。本栏"金额"≥0 且"税额"≥0。

第 9 栏"(三) 本期用于购建不动产的扣税凭证"税额 + 第 10 栏"(四) 本期用于抵扣的旅客运输服务扣税凭证"税额≤第 1 栏"认证相符的增值税专用发票"税额 + 第 4 栏"其他扣税凭证"税额。

第 11 栏"(五) 外贸企业进项税额抵扣证明"：填写本期申报抵扣的税务机关出口退税部门开具的《出口货物转内销证明》列明允许抵扣的进项税额。

第 12 栏"当期申报抵扣进项税额合计"：反映本期申报抵扣进项税额的合计数，按表中所列公式计算填写。

(3) 第 13 至 23b 栏"二、进项税额转出额"各栏：分别反映纳税人已经抵扣但按规定应在本期转出的进项税额明细情况。

第 13 栏"本期进项税额转出额"：反映已经抵扣但按规定应在本期转出的进项税额合计数，按表中所列公式计算填写。

第 14 栏"其中：免税项目用"：反映用于免征增值税项目按规定应在本期转出的进项税额。

第 15 栏"集体福利、个人消费"：反映用于集体福利或者个人消费按规定应在本期转出的进项税额。

第 16 栏"非正常损失"：反映纳税人发生非正常损失按规定应在本期转出的进项税额。

第 17 栏"简易计税方法征税项目用"：反映用于按简易计税方法征税项目按规定应在本期转出的进项税额。营业税改征增值税的纳税人，服务、不动产和无形资产按规定汇总计算缴纳增值税的分支机构，当期应由总机构汇总的进项税额也填入本栏。

第 18 栏"免抵退税办法不得抵扣的进项税额"：反映按照免、抵、退税办法的规定，由于征税税率与退税税率存在税率差，在本期应转出的进项税额。

第 19 栏"纳税检查调减进项税额"：反映税务、财政、审计部门检查后而调减的进项税额。

第 20 栏"红字专用发票信息表注明的进项税额"：填写增值税发票管理系统校验通过的《开具红字增值税专用发票信息表》注明的在本期应转出的进项税额。

第 21 栏"上期留抵税额抵减欠税"：填写本期经税务机关同意使用上期留抵税额抵减欠税的数额。

第 22 栏"上期留抵税额退税"：填写本期经税务机关批准的上期留抵税额退税额。

第 23a 栏"异常凭证转出进项税额"：填写本期异常增值税扣税凭证转出的进项税额。异常增值税扣税凭证转出后，经核实允许继续抵扣的，纳税人重新确认用于抵扣的，在本栏次填入负数。

第 23b 栏"其他应作进项税额转出的情形"：反映除上述进项税额转出情形外，其他应在本期转出的进项税额。

(4) 第 24 至 34 栏"三、待抵扣进项税额"各栏：分别反映纳税人已经取得，但按税法规定不符合抵扣条件，暂不予在本期申报抵扣的进项税额情况及按税法规定不允许抵扣的进项税额情况。

第 24 至 28 栏涉及的增值税专用发票均不包括从小规模纳税人处购进农产品时取得的专用发票，但购进农产品未分别核算用于生产销售 13% 税率货物和其他货物服务的农产品进项税额情况除外。

第 25 栏"期初已认证相符但未申报抵扣"：反映前期认证相符，但按照税法规定暂不予抵扣及不允许抵扣，结存至本期的增值税专用发票情况。辅导期纳税人填写认证相符但未收到稽核比对结果的增值税专用发票期初情况。

第 26 栏"本期认证相符且本期未申报抵扣"：反映本期认证相符，但按税法规定暂不予抵扣及不允许抵扣而未申报抵扣的增值税专用发票情况。辅导期纳税人填写本期认证相符但未收到稽核比对结果的增值税专用发票情况。

第 27 栏"期末已认证相符但未申报抵扣"：反映截至本期期末，按照税法规定仍暂不予抵扣及不允许抵扣且已认证相符的增值税专用发票情况。辅导期纳税人填写截至本期期末已认证相符但未收到稽核比对结果的增值税专用发票期末情况。

第 28 栏"其中：按照税法规定不允许抵扣"：反映截至本期期末已认证相符但未申报抵扣的增值税专用发票中，按照税法规定不允许抵扣的增值税专用发票情况。

纳税人本期期末已认证相符待抵扣的通行费电子发票应当填写在第 24 至 28 栏对应栏次中。

第 29 栏"(二) 其他扣税凭证"：反映截至本期期末仍未申报抵扣的除增值税专用发票之外的其他扣税凭证情况。具体包括：海关进口增值税专用缴款书、农产品收购发票或者销售发票、代扣代缴税收缴款凭证和其他符合政策规定的扣税凭证。该栏应等于第 30 至 33 栏之和。

第 30 栏"其中：海关进口增值税专用缴款书"：反映已取得但截至本期期末仍未申报抵扣的海关进口增值税专用缴款书情况，包括纳税人未收到稽核比对结果的海关进口增值税专用缴款书情况。

第 31 栏"农产品收购发票或者销售发票"：反映已取得但截至本期期末仍未申报抵扣的农产品收购发票或者农产品销售发票情况。从小规模纳税人处购进农产品时取得增值税专用发票情况填写在本栏，但购进农产品未分别核算用于生产销售 13% 税率货物和其他货物服务的农产品进项税额情况除外。

第 32 栏"代扣代缴税收缴款凭证"：反映已取得但截至本期期末仍未申报抵扣的代扣代缴税收完税凭证情况。

第 33 栏"其他"：反映已取得但截至本期期末仍未申报抵扣的其他扣税凭证的情况。

(5) 第 35 至 36 栏"四、其他"各栏。

第 35 栏"本期认证相符的增值税专用发票"：反映本期认证相符的增值税专用发票的情况。纳税人本期认证相符的通行费电子发票应当填写在本栏次中。

第 36 栏 "代扣代缴税额"：填写纳税人根据《中华人民共和国增值税暂行条例》第十八条扣缴的应税劳务增值税额与根据营业税改征增值税有关政策规定扣缴的服务、不动产和无形资产增值税额之和。

4. 增值税及附加税费申报表附列资料 (三)

增值税及附加税费申报表附列资料 (三)(服务、不动产和无形资产扣除项目明细) 见表 1-4。

表 1-4　增值税及附加税费申报表附列资料 (三)
(服务、不动产和无形资产扣除项目明细)

税款所属时间：　　　年　月　日至　年　月　日

纳税人名称：(公章)　　　　　　　　　　　　　　　　　　　　　　　　　　　　　　　　　　　金额单位：元 (列至角分)

项目及栏次		本期服务、不动产和无形资产价税合计额 (免税销售额)	服务、不动产和无形资产扣除项目				
			期初余额	本期发生额	本期应扣除金额	本期实际扣除金额	期末余额
		1	2	3	4 = 2 + 3	5(5 ≤ 1 且 5 ≤ 4)	6 = 4 - 5
13% 税率的项目	1						
9% 税率的项目	2						
6% 税率的项目 (不含金融商品转让)	3						
6% 税率的金融商品转让项目	4						
5% 征收率的项目	5						
3% 征收率的项目	6						
免抵退税的项目	7						
免税的项目	8						

◆ 填写说明

(1) 本表由服务、不动产和无形资产有扣除项目的营业税改征增值税的纳税人填写。其他纳税人不填写。

(2)"税款所属时间""纳税人名称"的填写同主表。

(3)第 1 列"本期服务、不动产和无形资产价税合计额 (免税销售额)":营业税改征增值税的服务、不动产和无形资产属于征税项目的,填写扣除之前的本期服务、不动产和无形资产价税合计额;营业税改征增值税的服务、不动产和无形资产属于免抵退税或免税项目的,填写扣除之前的本期服务、不动产和无形资产免税销售额。本列各行次等于《附列资料 (一)》第 11 列对应行次,其中本列第 3 行和第 4 行之和等于《附列资料 (一)》第 11 列第 5 栏。

营业税改征增值税的纳税人,服务、不动产和无形资产按规定汇总计算缴纳增值税的分支机构,本列各行次之和等于《附列资料 (一)》第 11 列第 13a、13b 行之和。

(4)第 2 列"服务、不动产和无形资产扣除项目""期初余额":填写服务、不动产和无形资产扣除项目上期期末结存的金额,试点实施之日的税款所属期填写"0"。本列各行次等于上期《附列资料 (三)》第 6 列对应行次。

本列第 4 行"6% 税率的金融商品转让项目""期初余额"年初首期填报时应填"0"。

(5)第 3 列"服务、不动产和无形资产扣除项目""本期发生额":填写本期取得的按税法规定准予扣除的服务、不动产和无形资产扣除项目金额。

(6)第 4 列"服务、不动产和无形资产扣除项目""本期应扣除金额":填写服务、不动产和无形资产扣除项目本期应扣除的金额。

本列各行次 = 第 2 列对应各行次 + 第 3 列对应各行次

(7)第 5 列"服务、不动产和无形资产扣除项目""本期实际扣除金额":填写服务、不动产和无形资产扣除项目本期实际扣除的金额。

本列各行次≤第 4 列对应各行次 且 本列各行次≤第 1 列对应各行次

(8)第 6 列"服务、不动产和无形资产扣除项目""期末余额":填写服务、不动产和无形资产扣除项目本期期末结存的金额。

本列各行次 = 第 4 列对应各行次 - 第 5 列对应各行次

5. 增值税及附加税费申报表附列资料 (四)

增值税及附加税费申报表附列资料 (四)(税额抵减情况表) 见表 1-5。

表 1-5　增值税及附加税费申报表附列资料（四）
(税额抵减情况表)

税款所属时间：　年　月　日至　年　月　日

纳税人名称：（公章）

金额单位：元（列至角分）

		一、税额抵减情况				
序号	抵减项目	期初余额	本期发生额	本期应抵减税额	本期实际抵减税额	期末余额
		1	2	3 = 1 + 2	4 ≤ 3	5 = 3 - 4
1	增值税税控系统专用设备费及技术维护费					
2	分支机构预征缴纳税款					
3	建筑服务预征缴纳税款					
4	销售不动产预征缴纳税款					
5	出租不动产预征缴纳税款					
		二、加计抵减情况				
序号	加计抵减项目	期初余额	本期发生额	本期调减额	本期可抵减额	本期实际抵减额	期末余额
		1	2	3	4 = 1 + 2 - 3	5	6 = 4 - 5
6	一般项目加计抵减额计算						
7	即征即退项目加计抵减额计算						
8	合计						

◆ 填写说明

1) 税额抵减情况

(1) 本表第 1 行由发生增值税税控系统专用设备费和技术维护费的纳税人填写，反映纳税人增值税税控系统专用设备费和技术维护费按规定抵减增值税应纳税额的情况。

(2) 本表第 2 行由营业税改征增值税的纳税人，服务、不动产和无形资产按规定汇总计算缴纳增值税的总机构填写，反映其分支机构预征缴纳税款抵减总机构应纳增值税税额的情况。

(3) 本表第 3 行由销售建筑服务并按规定预缴增值税的纳税人填写，反映其销售建筑服务预征缴纳税款抵减应纳增值税税额的情况。

(4) 本表第 4 行由销售不动产并按规定预缴增值税的纳税人填写，反映其销售不动产预征缴纳税款抵减应纳增值税税额的情况。

(5) 本表第 5 行由出租不动产并按规定预缴增值税的纳税人填写，反映其出租不动产预征缴纳税款抵减应纳增值税税额的情况。

2) 加计抵减情况

本表第 6 至 8 行仅限适用加计抵减政策的纳税人填写，反映其加计抵减情况。其他纳税人不需填写。第 8 行"合计"等于第 6 行、第 7 行之和。各列说明如下：

(1) 第 1 列"期初余额"：填写上期期末结余的加计抵减额。

(2) 第 2 列"本期发生额"：填写按照规定本期计提的加计抵减额。

(3) 第 3 列"本期调减额"：填写按照规定本期应调减的加计抵减额。

(4) 第 4 列"本期可抵减额"：按表中所列公式填写。

(5) 第 5 列"本期实际抵减额"：反映按照规定本期实际加计抵减额，按以下要求填写。

若第 4 列 ≥ 0，且第 4 列 < 主表第 11 栏 - 主表第 18 栏，则第 5 列 = 第 4 列；

若第 4 列 ≥ 主表第 11 栏 - 主表第 18 栏，则第 5 列 = 主表第 11 栏 - 主表第 18 栏；

若第 4 列 < 0，则第 5 列等于 0。

计算本列"一般项目加计抵减额计算"行和"即征即退项目加计抵减额计算"行时，公式中主表各栏次数据分别取主表"一般项目""本月数"列、"即征即退项目""本月数"列对应数据。

(6) 第 6 列"期末余额"：填写本期结余的加计抵减额，按表中所列公式填写。

6. 增值税及附加税费申报表附列资料（五）

增值税及附加税费申报表附列资料（五）（附加税费情况表）见表 1-6。

表 1-6　增值税及附加税费申报表附列资料（五）
(附加税费情况表)

税（费）款所属时间：　　年　月　日至　年　月　日

纳税人名称：（公章）　　　　　　　　　　　　　　　　　　　　　　　　　　　金额单位：元（列至角分）

税（费）种		计税（费）依据			税（费）率(%)	本期应纳税（费）额	本期减免税（费）额		试点建设培育产教融合型企业		本期已缴税（费）额	本期应补（退）税（费）额
		增值税税额	增值税免抵税额	留抵退税本期扣除额			减免性质代码	减免税（费）额	减免性质代码	本期抵免金额		
		1	2	3	4	5＝(1＋2－3)×4	6	7	8	9	10	11＝5－7－9－10
城市维护建设税	1								—	—		
教育费附加	2											
地方教育附加	3											
合计	4	—	—	—	—			—		—		
本期是否适用试点建设培育产教融合型企业抵免政策		□是 □否			当期新增投资额					5		
					上期留抵可抵免金额					6		
					结转下期可抵免金额					7		
可用于扣除的增值税留抵退税额使用情况					当期新增可用于扣除的留抵退税额					8		
					上期结存可用于扣除的留抵退税额					9		
					结转下期可用于扣除的留抵退税额					10		

◆ 填写说明

(1) 税（费）款所属时间：纳税人申报的附加税费应纳税（费）额的所属时间，应填写具体的起止年、月、日。

(2) 纳税人名称：填写纳税人名称全称。

(3) 本期是否适用试点建设培育产教融合型企业抵免政策：符合《财政部关于调整部分政府性基金有关政策的通知》（财税〔2019〕46 号）规定的试点建设培育产教融合型企业，选择"是"；否则，选择"否"。

(4) 第 5 行"当期新增投资额"：填写试点建设培育产教融合型企业当期新增投资额减去股权转让、撤回投资等金额后的投资净额，该数值可为负数。

(5) 第 6 行"上期留抵可抵免金额"：填写上期的"结转下期可抵免金额"。

(6) 第 7 行"结转下期可抵免金额"：填写本期抵免应缴教育费附加、地方教育附加后允许结转下期抵免部分。

(7) 第 8 行"当期新增可用于扣除的留抵退税额"：填写本期经税务机关批准的上期留抵税额退税额。本栏等于《附列资料（二）》第 22 栏"上期留抵税额退税"。

(8) 第 9 行"上期结存可用于扣除的留抵退税额"：填写上期的"结转下期可用于扣除的留抵退税额"。

(9) 第 10 行"结转下期可用于扣除的留抵退税额"：填写本期扣除后剩余的增值税留抵退税额。结转下期可用于扣除的留抵退税额 = 当期新增可用于扣除的留抵退税额 + 上期结存可用于扣除的留抵退税额 - 留抵退税本期扣除额。

(10) 第 1 列"增值税税额"：填写主表增值税本期应补（退）税额。

(11) 第 2 列"增值税免抵税额"：填写上期经税务机关核准的增值税免抵税额。

(12) 第 3 列"留抵退税本期扣除额"：填写本期因增值税留抵退税扣除的计税依据。当第 8 行与第 9 行之和大于第 1 行第 1 列与第 1 行第 2 列之和时，第 3 列第 1 至 3 行分别按对应行第 1 列与第 2 列之和填写。当第 8 行与第 9 行之和（大于 0）小于或等于第 1 行第 1 列与第 1 行第 2 列之和时，第 3 列第 1 至 3 行分别按第 8 行与第 9 行之和对应填写。当第 8 行与第 9 行之和（小于等于 0）小于或等于第 1 行第 1 列与第 1 行第 2 列之和时，第 3 列第 1 至 3 行均填写 0。

(13) 第 4 列"税（费）率"：填写适用税（费）率。

(14) 第 5 列"本期应纳税（费）额"：填写本期按适用的税（费）率计算缴纳的应纳税（费）额。计算公式为：本期应纳税（费）额 = （增值税税额 + 增值税免抵税额 - 留抵退税本期扣除额）× 税（费）率。

(15) 第 6 列"减免性质代码"：按《减免税政策代码目录》中附加税费适用的减免性质代码填写，试点建设培育产教融合型企业抵免不填列此列。有减免税（费）情况的必填。

(16) 第 7 列"减免税（费）额"：填写本期减免的税（费）额。

(17) 第 8 列"减免性质代码"：符合《财政部关于调整部分政府性基金有关政策的通知》（财税〔2019〕46 号）规定的试点建设培育产教融合型企业分别填写教育费附加产教融合试点减免性质代码 61101402、地方教育附加产教融合试点减免性质代码 99101401。不适用建设培育产教融合型企业抵免政策的则为空。

(18) 第 9 列"本期抵免金额"：填写试点建设培育产教融合型企业本期抵免的教育费附加、地方教育附加金额。

(19) 第 10 列"本期已缴税（费）额"：填写本期应纳税（费）额中已经缴纳的部分。该列不包括本期预缴应补（退）税费情况。

(20) 第 11 列 "本期应补 (退) 税 (费) 额"：该列次与主表第 39 至 41 栏对应相等。计算公式为：本期应补 (退) 税 (费) 额 = 本期应纳税 (费) 额 - 本期减免税 (费) 额 - 试点建设培育产教融合型企业本期抵免金额 - 本期已缴税 (费) 额。

7. 增值税减免税申报明细表

增值税减免税申报明细表见表 1-7。

表 1-7　增值税减免税申报明细表

税款所属时间：自　年　月　日至　年　月　日

纳税人名称：(公章)　　　　　　　　　　　　　　　　　　　　　　　　　　金额单位：元 (列至角分)

一、减税项目						
减税性质代码及名称	栏次	期初余额	本期发生额	本期应抵减税额	本期实际抵减税额	期末余额
		1	2	3 = 1 + 2	4 ≤ 3	5 = 3 - 4
合计	1					
	2					
	3					
	4					
	5					
	6					
二、免税项目						
免税性质代码及名称	栏次	免征增值税项目销售额	免税销售额扣除项目本期实际扣除金额	扣除后免税销售额	免税销售额对应的进项税额	免税额
		1	2	3 = 1 - 2	4	5
合计	7					
出口免税	8		—	—	—	
其中：跨境服务	9		—	—	—	
	10				—	

◆ **填写说明**

(1) 本表由享受增值税减免税优惠政策的增值税一般纳税人和小规模纳税人 (以下简称 "增值税纳税人") 填写。仅享受支持小微企业免征增值税政策或未达起征点的增值税小规模纳税人不需填报本表，即小规模纳税人当期《增值税及附加税费申报表 (小规模纳税人适用)》第 12 栏 "其他免税销售额" "本期数" 和第 16 栏 "本期应纳税额减征额" "本期数" 均无数据时，不需填报本表。

(2) "税款所属时间" "纳税人名称" 的填写同申报表主表，申报表主表是指《增值税及附加税费申报表 (一般纳税人适用)》或者《增值税及附加税费申报表 (小规模纳税人适用)》。

(3) "一、减税项目" 由本期按照税收法律、法规及国家有关税收规定享受减征 (包含税额式减征、税率式减征) 增值税优惠的增值税纳税人填写。

"减税性质代码及名称" 根据国家税务总局最新发布的《减免税政策代码目录》所列减免性质代码、减免项目名称填写。同时有多个减征项目的，应分别填写。

第 1 列 "期初余额"：填写应纳税额减征项目上期 "期末余额"，为对应项目上期应抵减而不足抵减的余额。

第 2 列 "本期发生额"：填写本期发生的按照规定准予抵减增值税应纳税额的金额。

第 3 列 "本期应抵减税额"：填写本期应抵减增值税应纳税额的金额。本列按表中所列公式填写。

第 4 列 "本期实际抵减税额"：填写本期实际抵减增值税应纳税额的金额。本列各行≤第 3 列对应各行。

一般纳税人填写时，第 1 行 "合计" 本列数 = 申报表主表第 23 行 "一般项目" 列 "本月数"。

小规模纳税人填写时，第 1 行 "合计" 本列数 = 申报表主表第 16 行 "本期应纳税额减征额" "本期数"。

第 5 列 "期末余额"：按表中所列公式填写。

(4) "二、免税项目" 由本期按照税收法律、法规及国家有关税收规定免征增值税的增值税纳税人填写。仅享受小微企业免征增值税政策或未达起征点的小规模纳税人不需填写，即小规模纳税人申报表主表第 12 栏 "其他免税销售额" "本期数" 无数据时，不需填写本栏。

① "免税性质代码及名称" 根据国家税务总局最新发布的《减免税政策代码目录》所列减免性质代码、减免项目名称填写。同时有多个免税项目的，应分别填写。

② "出口免税" 填写增值税纳税人本期按照税法规定出口免征增值税的销售额，但不包括适用免、抵、退税办法出口的销售额。小规模纳税人不填写本栏。

③ 第 1 列 "免征增值税项目销售额"：填写增值税纳税人免税项目的销售额。免税销售额按照有关规定允许从取得的全部价款

和价外费用中扣除价款的，应填写扣除之前的销售额。

一般纳税人填写时，本列"合计"等于申报表主表第 8 行"一般项目"列"本月数"。

④ 第 2 列"免税销售额扣除项目本期实际扣除金额"：免税销售额按照有关规定允许从取得的全部价款和价外费用中扣除价款的，据实填写扣除金额；无扣除项目的，本列填写"0"。

⑤ 第 3 列"扣除后免税销售额"：按表中所列公式填写。

⑥ 第 4 列"免税销售额对应的进项税额"：本期用于增值税免税项目的进项税额。小规模纳税人不填写本列，一般纳税人按下列情况填写：

一般纳税人兼营应税和免税项目的，按当期免税销售额对应的进项税额填写。

一般纳税人本期销售收入全部为免税项目，且当期取得合法扣税凭证的，按当期取得的合法扣税凭证注明或计算的进项税额填写；当期未取得合法扣税凭证的，一般纳税人可根据实际情况自行计算免税项目对应的进项税额；无法计算的，本栏次填"0"。

⑦ 第 5 列"免税额"：一般纳税人和小规模纳税人分别按下列公式计算填写，且本列各行数应大于或等于0。

一般纳税人公式：第 5 列"免税额"≤第 3 列"扣除后免税销售额"×适用税率−第 4 列"免税销售额对应的进项税额"。

小规模纳税人公式：第 5 列"免税额"=第 3 列"扣除后免税销售额"×征收率。

二、消费税及纳税申报表

（一）消费税概况

在中华人民共和国境内生产、委托加工和进口《中华人民共和国消费税暂行条例》规定的消费品的单位和个人，以及国务院确定的销售《中华人民共和国消费税暂行条例》规定的消费品的其他单位和个人，为消费税的纳税人，应当缴纳消费税。

消费税实行从价定率、从量定额，或者从价定率和从量定额复合计税（以下简称"复合计税"）的办法计算应纳税额。应纳税额计算公式如下：

实行从价定率办法计算的应纳税额 = 销售额 × 比例税率

实行从量定额办法计算的应纳税额 = 销售数量 × 定额税率

实行复合计税办法计算的应纳税额 = 销售额 × 比例税率 + 销售数量 × 定额税率

销售额为纳税人销售应税消费品向购买方收取的全部价款和价外费用。

消费税税目税率见表1-8。

表 1-8 消费税税目税率表

税目	税率		
	生产（进口）环节	批发环节	零售环节
一、烟			
1. 卷烟			
(1) 甲类卷烟	56% 加 0.003 元 / 支	11% 加 0.005 元 / 支	
(2) 乙类卷烟	36% 加 0.003 元 / 支	11% 加 0.005 元 / 支	
2. 雪茄烟	36%		
3. 烟丝	30%		
二、酒			
1. 白酒	20% 加 0.5 元 /500 克（或者 500 毫升）		
2. 黄酒	240 元 / 吨		
3. 啤酒			
(1) 甲类啤酒	250 元 / 吨		
(2) 乙类啤酒	220 元 / 吨		
4. 其他酒	10%		
三、高档化妆品	15%		
四、贵重首饰及珠宝玉石			
1. 金银首饰、铂金首饰和钻石及钻石饰品			5%
2. 其他贵重首饰和珠宝玉石	10%		
五、鞭炮、焰火	15%		
六、成品油			

续表一

税目	税率		
	生产（进口）环节	批发环节	零售环节
1. 汽油	1.52 元 / 升		
2. 柴油	1.20 元 / 升		
3. 航空煤油	1.20 元 / 升		
4. 石脑油	1.52 元 / 升		
5. 溶剂油	1.52 元 / 升		
6. 润滑油	1.52 元 / 升		
7. 燃料油	1.20 元 / 升		
七、摩托车			
1. 气缸容量 250 毫升（含 250 毫升）以下的摩托车	3%		
2. 气缸容量 250 毫升以上的摩托车	10%		
八、小汽车			
1. 乘用车			
(1) 气缸容量在 1.0 升（含 1.0 升）以下的乘用车	1%		
(2) 气缸容量在 1.0 升以上至 1.5 升（含 1.5 升）的乘用车	3%		
(3) 气缸容量在 1.5 升以上至 2.0 升（含 2.0 升）的乘用车	5%		
(4) 气缸容量在 2.0 升以上至 2.5 升（含 2.5 升）的乘用车	9%		
(5) 气缸容量在 2.5 升以上至 3.0 升（含 3.0 升）的乘用车	12%		
(6) 气缸容量在 3.0 升以上至 4.0 升（含 4.0 升）的乘用车	25%		
(7) 气缸容量在 4.0 升以上的乘用车	40%		
2. 中轻型商用客车	5%		
3. 超豪华小汽车	按子税目 1 和子税目 2 的规定征收		10%

税目	税率		
	生产（进口）环节	批发环节	零售环节
九、高尔夫球及球具	10%		
十、高档手表	20%		
十一、游艇	10%		
十二、木制一次性筷子	5%		
十三、实木地板	5%		
十四、电池	4%		
十五、涂料	4%		

　　消费税的纳税期限分别为 1 日、3 日、5 日、10 日、15 日、1 个月或者 1 个季度。纳税人的具体纳税期限，由主管税务机关根据纳税人应纳税额的大小分别核定；不能按照固定期限纳税的，可以按次纳税。

　　纳税人以 1 个月或者 1 个季度为 1 个纳税期的，自期满之日起 15 日内申报纳税；以 1 日、3 日、5 日、10 日或者 15 日为 1 个纳税期的，自期满之日起 5 日内预缴税款，于次月 1 日起 15 日内申报纳税并结清上月应纳税款。

　　消费税纳税申报流程见图 1-3。

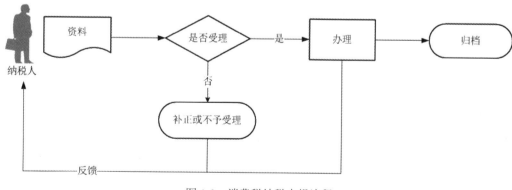

图 1-3　消费税纳税申报流程

（二）消费税纳税申报表样表及填写说明

1. 消费税及附加税费申报表

消费税及附加税费申报表见表1-9。

表1-9 消费税及附加税费申报表

税款所属期：自　年　月　日至　年　月　日

纳税人识别号（统一社会信用代码）：□□□□□□□□□□□□□□□□□□□□

金额单位：人民币元（列至角分）

纳税人名称：

项目 应税消费品名称	适用税率		计量单位	本期销售数量	本期销售额	本期应纳税额
	定额税率	比例税率				
	1	2	3	4	5	$6 = 1 \times 4 + 2 \times 5$
合计	—	—	—	—	—	

	栏次	本期税费额
本期减(免)税额	7	
期初留抵税额	8	
本期准予扣除税额	9	
本期应扣除税额	$10 = 8 + 9$	
本期实际扣除税额	11[10≤(6-7)，则为10，否则为6-7]	

续表

				栏次	本期税费额
期末留抵税额				12 = 10 - 11	
本期预缴税额				13	
本期应补(退)税额				14 = 6 - 7 - 11 - 13	
城市维护建设税本期应补(退)税额				15	
教育费附加本期应补(退)费额				16	
地方教育附加本期应补(退)费额				17	
声明：此表是根据国家税收法律法规及相关规定填写的，本人(单位)对填报内容(及附带资料)的真实性、可靠性、完整性负责。 纳税人(签章)：　年　月　日					
经办人： 经办人身份证号： 代理机构签章： 代理机构统一社会信用代码：			受理人： 受理税务机关(章)： 受理日期：　年　月　日		

◆ 填写说明

(1) 本表作为《消费税及附加税费申报表》的主表，由消费税纳税人填写。

(2) 税款所属期：纳税人申报的消费税应纳税额所属时间，应填写具体的起止年、月、日。

(3) 纳税人识别号 (统一社会信用代码)：填写纳税人识别号或者统一社会信用代码。

(4) 纳税人名称：填写纳税人名称全称。

(5) "应税消费品名称"栏、第 1 栏"定额税率"、第 2 栏"比例税率"和第 3 栏"计量单位"：按照《应税消费品名称、税率和计量单位对照表》内容对应填写。

(6) 第 4 栏"本期销售数量"：填写国家税收法律、法规及相关规定 (以下简称"税法") 规定的本期应当申报缴纳消费税的应税消费品销售数量 (不含出口免税销售数量)。用自产汽油生产的乙醇汽油，按照生产乙醇汽油所耗用的汽油数量填写；以废矿物油生产的润滑油基础油为原料生产的润滑油，按扣除耗用的废矿物油生产的润滑油基础油后的数量填写。

(7) 第 5 栏"本期销售额"：填写税法规定的本期应当申报缴纳消费税的应税消费品销售额 (不含出口免税销售额)。

(8) 第 6 栏"本期应纳税额"：计算公式为

$$实行从价定率办法计算的应纳税额 = 销售额 \times 比例税率$$

$$实行从量定额办法计算的应纳税额 = 销售数量 \times 定额税率$$

$$实行复合计税办法计算的应纳税额 = 销售额 \times 比例税率 + 销售数量 \times 定额税率$$

暂缓征收的应税消费品，不计算应纳税额。

(9) 第 7 栏"本期减 (免) 税额"：填写本期按照税法规定减免的消费税应纳税额，不包括暂缓征收的应税消费品的税额以及出口应税消费品的免税额。本期减免消费税应纳税额情况，需同时填报《本期减 (免) 税额明细表》。本栏数值应等于《本期减 (免) 税额明细表》第 8 栏"减 (免) 税额"的"合计"栏数值。

(10) 第 8 栏"期初留抵税额"：填写上期申报表第 12 栏"期末留抵税额"数值。

(11) 第 9 栏"本期准予扣除税额"：填写税法规定的本期外购、进口或委托加工收回应税消费品用于连续生产应税消费品准予扣除的消费税已纳税额，以及委托加工收回应税消费品以高于受托方计税价格销售的，在计税时准予扣除的消费税已纳税额。

成品油消费税纳税人：本表"本期准予扣除税额"栏数值 =《本期准予扣除税额计算表 (成品油消费税纳税人适用)》第 6 栏"本期准予扣除税额"的"合计"栏数值。

其他消费税纳税人：本表"本期准予扣除税额"栏数值 =《本期准予扣除税额计算表》第 19 栏"本期准予扣除税款合计"的"合计"栏数值。

(12) 第 10 栏"本期应扣除税额"：填写纳税人本期应扣除的消费税税额，计算公式为

$$本期应扣除税额 = 期初留抵税额 + 本期准予扣除税额$$

(13) 第 11 栏"本期实际扣除税额"：填写纳税人本期实际扣除的消费税税额。当本期应纳税额合计 - 本期减 (免) 税额 ≥ 本期应扣除税额时，本期实际扣除税额 = 本期应扣除税额；当本期应纳税额合计 - 本期减 (免) 税额 < 本期应扣除税额时，本期实际扣除税额 = 本期应纳税额合计 - 本期减 (免) 税额。

(14) 第 12 栏"期末留抵税额"：期末留抵税额 = 本期应扣除税额 - 本期实际扣除税额。

(15) 第 13 栏"本期预缴税额"：填写纳税申报前纳税人已预先缴纳入库的本期消费税额。

(16) 第 14 栏"本期应补 (退) 税额"：填写纳税人本期应纳税额中应补缴或应退回的数额，计算公式为

$$本期应补 (退) 税额 = 本期应纳税额合计 - 本期减 (免) 税额 - 本期实际扣除税额 - 本期预缴税额$$

(17) 第 15 栏"城市维护建设税本期应补 (退) 税额"：填写《消费税附加税费计算表》"城市维护建设税"对应的"本期应补 (退) 税 (费) 额"栏数值。

(18) 第 16 栏"教育费附加本期应补（退）费额"：填写《消费税附加税费计算表》"教育费附加"对应的"本期应补（退）税（费）额"栏数值。

(19) 第 17 栏"地方教育附加本期应补（退）费额"：填写《消费税附加税费计算表》"地方教育附加"对应的"本期应补（退）税（费）额"栏数值。

(20) 本表为 A4 竖式，所有数字小数点后保留两位。一式二份，一份纳税人留存，一份税务机关留存。

2. 应税消费品名称、税率和计量单位对照表

应税消费品名称、税率和计量单位对照表见表 1-10。

表 1-10 应税消费品名称、税率和计量单位对照表

应税消费品名称	比例税率	定额税率	计量单位
一、烟			
1. 卷烟			
(1) 工业			
① 甲类卷烟（调拨价 70 元（不含增值税）/ 条以上（含 70 元））	56%	30 元 / 万支	万支
② 乙类卷烟（调拨价 70 元（不含增值税）/ 条以下）	36%	30 元 / 万支	
(2) 商业批发	11%	50 元 / 万支	
2. 雪茄烟	36%	—	支
3. 烟丝	30%	—	千克
二、酒			
1. 白酒	20%	0.5 元 /500 克（毫升）	500 克（毫升）
2. 黄酒	—	240 元 / 吨	吨
3. 啤酒			
(1) 甲类啤酒（出厂价格 3000 元（不含增值税）/ 吨以上（含 3000 元））	—	250 元 / 吨	吨
(2) 乙类啤酒（出厂价格 3000 元（不含增值税）/ 吨以下）	—	220 元 / 吨	
4. 其他酒	10%	—	吨

应税消费品名称	比例税率	定额税率	计量单位
三、高档化妆品	15%	—	实际使用计量单位
四、贵重首饰及珠宝玉石			
1. 金银首饰、铂金首饰和钻石及钻石饰品	5%	—	实际使用计量单位
2. 其他贵重首饰和珠宝玉石	10%	—	
五、鞭炮、焰火	15%	—	实际使用计量单位
六、成品油			
1. 汽油	—	1.52 元 / 升	升
2. 柴油	—	1.20 元 / 升	
3. 航空煤油	—	1.20 元 / 升	
4. 石脑油	—	1.52 元 / 升	
5. 溶剂油	—	1.52 元 / 升	
6. 润滑油	—	1.52 元 / 升	
7. 燃料油	—	1.20 元 / 升	
七、摩托车			
1. 气缸容量 (排气量, 下同) = 250 毫升	3%	—	辆
2. 气缸容量 > 250 毫升	10%	—	
八、小汽车			
1. 乘用车			
(1) 气缸容量 (排气量, 下同) ≤ 1.0 升	1%	—	辆
(2) 1.0 升 < 气缸容量 ≤ 1.5 升	3%	—	
(3) 1.5 升 < 气缸容量 ≤ 2.0 升	5%	—	
(4) 2.0 升 < 气缸容量 ≤ 2.5 升	9%	—	

续表二

应税消费品名称	比例税率	定额税率	计量单位
(5) 2.5 升＜气缸容量≤ 3.0 升	12%	—	辆
(6) 3.0 升＜气缸容量≤ 4.0 升	25%	—	
(7) 气缸容量＞ 4.0 升	40%	—	
2. 中轻型商用客车	5%	—	
3. 超豪华小汽车	10%	—	
九、高尔夫球及球具	10%	—	实际使用计量单位
十、高档手表	20%	—	只
十一、游艇	10%	—	艘
十二、木制一次性筷子	5%	—	万双
十三、实木地板	5%	—	平方米
十四、电池	4%	—	只
十五、涂料	4%	—	吨

3. 计量单位换算标准

计量单位换算标准如下：

(1) 汽油：1 吨 = 1388 升。

(2) 柴油：1 吨 = 1176 升。

(3) 石脑油：1 吨 = 1385 升。

(4) 溶剂油：1 吨 = 1282 升。

(5) 润滑油：1 吨 = 1126 升。

(6) 燃料油：1 吨 = 1015 升。

(7) 航空煤油：1 吨 = 1246 升。

(8) 黄酒：1 吨 = 962 升。

(9) 啤酒：1 吨 = 988 升。

4. 本期准予扣除税额计算表

本期准予扣除税额计算表见表 1-11。

表 1-11　本期准予扣除税额计算表

金额单位：元（列至角分）

准予扣除项目		应税消费品名称				合计
一、本期准予扣除的委托加工应税消费品已纳税款计算	期初库存委托加工应税消费品已纳税款	1				
	本期收回委托加工应税消费品已纳税款	2				
	期末库存委托加工应税消费品已纳税款	3				
	本期领用不准予扣除委托加工应税消费品已纳税款	4				
	本期准予扣除委托加工应税消费品已纳税款	$5 = 1 + 2 - 3 - 4$				
二、本期准予扣除的外购应税消费品已纳税款计算	（一）从价计税 期初库存外购应税消费品买价	6				
	本期购进应税消费品买价	7				
	期末库存外购应税消费品买价	8				
	本期领用不准予扣除外购应税消费品买价	9				
	适用税率	10				
	本期准予扣除外购应税消费品已纳税款	$11 = (6 + 7 - 8 - 9) \times 10$				
	（二）从量计税 期初库存外购应税消费品数量	12				
	本期外购应税消费品数量	13				
	期末库存外购应税消费品数量	14				
	本期领用不准予扣除外购应税消费品数量	15				
	适用税率	16				
	计量单位	17				
	本期准予扣除的外购应税消费品已纳税款	$18 = (12 + 13 - 14 - 15) \times 16$				
三、本期准予扣除税款合计		$19 = 5 + 11 + 18$				

◆ **填写说明**

(1) 本表由外购 (含进口) 或委托加工收回应税消费品用于连续生产应税消费品、委托加工收回的应税消费品以高于受托方计税价格出售的纳税人 (成品油消费税纳税人除外) 填写。

(2) 本表"应税消费品名称""适用税率""计量单位"栏的填写同主表。

(3) 第 1 栏"期初库存委托加工应税消费品已纳税款":填写上期本表第 3 栏数值。

(4) 第 2 栏"本期收回委托加工应税消费品已纳税款":填写纳税人委托加工收回的应税消费品在委托加工环节已纳消费税税额。

(5) 第 3 栏"期末库存委托加工应税消费品已纳税款":填写纳税人期末库存委托加工收回的应税消费品在委托加工环节已纳消费税税额合计。

(6) 第 4 栏"本期领用不准予扣除委托加工应税消费品已纳税款":填写纳税人委托加工收回的应税消费品,按税法规定不允许扣除的在委托加工环节已纳消费税税额。

(7) 第 5 栏"本期准予扣除委托加工应税消费品已纳税款":填写按税法规定,本期委托加工收回应税消费品中符合扣除条件准予扣除的消费税已纳税额,计算公式为

本期准予扣除委托加工应税消费品已纳税款 = 期初库存委托加工应税消费品已纳税款 + 本期收回委托加工应税消费品已纳税款 − 期末库存委托加工应税消费品已纳税款 − 本期领用不准予扣除委托加工应税消费品已纳税款

(8) 第 6 栏"期初库存外购应税消费品买价":填写本表上期第 8 栏"期末库存外购应税消费品买价"的数值。

(9) 第 7 栏"本期购进应税消费品买价":填写纳税人本期外购用于连续生产的从价计税的应税消费品买价。

(10) 第 8 栏"期末库存外购应税消费品买价":填写纳税人外购用于连续生产应税消费品期末买价余额。

(11) 第 9 栏"本期领用不准予扣除外购应税消费品买价":填写纳税人本期领用外购的从价计税的应税消费品,按税法规定不允许扣除的应税消费品买价。

(12) 第 11 栏"本期准予扣除外购应税消费品已纳税款":计算公式为

本期准予扣除外购应税消费品已纳税款 (从价计税) = (期初库存外购应税消费品买价 + 本期购进应税消费品买价 − 期末库存外购应税消费品买价 − 本期领用不准予扣除外购应税消费品买价) × 适用税率

(13) 第 12 栏"期初库存外购应税消费品数量":填写本表上期"期末库存外购应税消费品数量"。

(14) 第 13 栏"本期外购应税消费品数量":填写纳税人本期外购用于连续生产的从量计税的应税消费品数量。

(15) 第 14 栏"期末库存外购应税消费品数量":填写纳税人用于连续生产的外购应税消费品期末库存数量。

(16) 第 15 栏"本期领用不准予扣除外购应税消费品数量":填写纳税人本期领用外购的从量计税的应税消费品,按税法规定不允许扣除的应税消费品数量。

(17) 第 18 栏"本期准予扣除的外购应税消费品已纳税款":计算公式为

本期准予扣除的外购应税消费品已纳税款 (从量计税) = (期初库存外购应税消费品数量 + 本期外购应税消费品数量 − 期末库存外购应税消费品数量 − 本期领用不准予扣除外购应税消费品数量) × 适用税率

(18) 第 19 栏"本期准予扣除税款合计":计算公式为

本期准予扣除税款合计 = 本期准予扣除委托加工应税消费品已纳税款 + 本期准予扣除外购应税消费品已纳税款 (从价计税) + 本期准予扣除的外购应税消费品已纳税款 (从量计税)

(19) 本表为 A4 竖式,所有数字小数点后保留两位。一式二份,一份纳税人留存,一份税务机关留存。

5. 本期准予扣除税额计算表 (成品油消费税纳税人适用)

本期准予扣除税额计算表 (成品油消费税纳税人适用) 见表 1-12。

表 1-12 本期准予扣除税额计算表
(成品油消费税纳税人适用)

金额单位:元 (列至角分)

一、扣除税额及库存计算							
扣除油品类别	上期库存数量	本期外购入库数量	委托加工收回连续生产数量	本期准予扣除数量	本期准予扣除税额	本期领用未用于连续生产不准予扣除数量	期末库存数量
1	2	3	4	5	6	7	8 = 2 + 3 + 4 − 5 − 7
汽油							
柴油							
石脑油							
润滑油							
燃料油							
合计							

续表

二、润滑油基础油（废矿物油）和变性燃料乙醇领用存				
产品名称	上期库存数量	本期入库数量	本期生产领用数量	期末库存数量
1	2	3	4	5＝2＋3－4
润滑油基础油（废矿物油）				
变性燃料乙醇				

◆ **填写说明**

(1) 本表由外购（含进口）或委托加工收回已税汽油、柴油、石脑油、润滑油、燃料油（以下简称"应税油品"）用于连续生产应税消费品的成品油消费税纳税人填写。

(2) 本表变性燃料乙醇的计量单位为"吨"，其余计量单位全部为"升"。

(3) 第一部分第 2 栏"上期库存数量"：按本表上期第一部分第 8 栏"期末库存数量"的数值填写。

(4) 第一部分第 3 栏"本期外购入库数量"：填写纳税人本期外购、进口用于连续生产的应税油品数量。不含依据定点直供计划采购的石脑油、燃料油；外购、进口或委托加工收回的甲醇汽油、乙醇汽油、纯生物柴油、溶剂油、航空煤油；以及利用废矿物油生产的油品数量。

(5) 第一部分第 4 栏"委托加工收回连续生产数量"：填写纳税人委托加工收回用于连续生产的各种应税油品数量，应与《本期委托加工收回情况报告表》中第二部分第 6 栏中"本期委托加工收回用于连续生产数量"栏对应一致。

(6) 第一部分第 5 栏"本期准予扣除数量"：填写纳税人按税法规定在本期申报扣除外购、进口或委托加工收回用于连续生产的应税油品数量。本栏次对应的汽油、柴油、润滑油数量应分别小于等于主表的汽油、柴油、润滑油"本期销售数量"栏次的数量。

(7) 第一部分第 6 栏"本期准予扣除税额"：填写纳税人符合税法规定在本期申报扣除外购、进口或委托加工收回用于连续生产的应税油品已纳消费税税额，计算公式为

$$本期准予扣除税额＝本期准予扣除数量×适用税率$$

(8) 第一部分第 7 栏"本期领用未用于连续生产不准予扣除数量"：填写纳税人由外购、进口或委托加工收回的应税油品，未用于连续生产应税成品油而不允许扣除的成品油数量。

(9) 第一部分第 8 栏"期末库存数量"：填写期末留存的应税油品库存数量，计算公式为

期末库存数量＝上期库存数量＋本期外购入库数量＋委托加工收回连续生产数量－本期准予扣除数量－本期领用未用于连续生

产不准予扣除数量，且期末库存数量≥0

(10) 第一部分"合计"：填写"上期库存数量""本期外购入库数量""委托加工收回连续生产数量""本期准予扣除数量""本期准予扣除税额""本期领用未用于连续生产不准予扣除数量""期末库存数量"合计数。

(11) 第二部分"润滑油基础油（废矿物油）"行：填写利用废矿物油生产的润滑油基础油领用存情况。第 3 栏"本期入库数量"包括外购和自产的润滑油基础油（废矿物油）数量。自产的润滑油基础油（废矿物油）应与《本期减（免）税额明细表》润滑油基础油的"减（免）税销售数量"一致。用于连续生产润滑油的其他润滑油基础油数量不填入本行。

(12) 第二部分第 2 栏"上期库存数量"：分别按上期《本期准予扣除税额计算表（成品油消费税纳税人适用）》第二部分的润滑油基础油（废矿物油）和变性燃料乙醇的"期末库存数量"栏数值填写。

(13) 第二部分第 5 栏"期末库存数量"：填写期末库存润滑油基础油（废矿物油）和变性燃料乙醇的数量，计算公式为

$$期末库存数量 = 上期库存数量 + 本期入库数量 - 本期生产领用数量，且期末库存数量 \geq 0$$

(14) 本表为 A4 竖式，所有数字小数点后保留两位。一式二份，一份纳税人留存，一份税务机关留存。

6. 本期减（免）税额明细表

本期减（免）税额明细表见表 1-13。

表 1-13　本期减（免）税额明细表

金额单位：元（列至角分）

应税消费品名称 ＼ 项目	减（免）性质代码	减（免）项目名称	减（免）税销售额	适用税率（从价定率）	减（免）税销售数量	适用税率（从量定额）	减（免）税额
1	2	3	4	5	6	7	$8 = 4 \times 5 + 6 \times 7$
出口免税	—	—		—		—	—
合计	—	—		—		—	—

◆ **填写说明**

(1) 本表由符合消费税减免税政策规定的纳税人填报。本表不含暂缓征收的项目。未发生减（免）消费税业务的纳税人和受托方不填报本表。

(2) 第 1 栏 "应税消费品名称"：填写按照税法规定的减征、免征应税消费品的名称。

(3) 第 2 栏 "减（免）性质代码"：根据国家税务总局最新发布的减（免）性质代码，填写减征、免征应税消费品对应的减（免）性质代码。

(4) 第 3 栏 "减（免）项目名称"：根据国家税务总局最新发布的减（免）项目名称，填写减征、免征应税消费品对应的减（免）项目名称。

(5) 第 4 栏 "减（免）税销售额"：填写本期应当申报减征、免征消费税的应税消费品销售金额，适用不同税率的应税消费品，其减（免）金额应区分不同税率分栏填写。

(6) 第 6 栏 "减（免）税销售数量"：填写本期应当申报减征、免征消费税的应税消费品销售数量，适用不同税率的应税消费品，其减（免）数量应区分不同税率分栏填写。计量单位应与主表一致。

(7) 第 5、7 栏 "适用税率"：填写按照税法规定的减征、免征应税消费品的适用税率。

(8) 第 8 栏 "减（免）税额"：填写本期按适用税率计算的减征、免征消费税额。同一税款所属期内同一应税消费品适用多档税率的，应分别按照适用税率计算减（免）税额。

(9) 第 8 栏 "减（免）税额"的 "合计"栏：填写本期减征、免征消费税额的合计数。该栏数值应与当期主表 "本期减（免）税额"栏数值一致。

(10) "出口免税"栏：填写纳税人本期按照税法规定的出口免征消费税的销售额、销售数量，不填写减（免）性质代码。

(11) 本表为 A4 竖式，一式二份，一份纳税人留存，一份税务机关留存。

7. 本期委托加工收回情况报告表

本期委托加工收回情况报告表见表 1-14。

表 1-14　本期委托加工收回情况报告表

金额单位：元（列至角分）

一、委托加工收回应税消费品代收代缴税款情况										
应税消费品名称	商品和服务税收分类编码	委托加工收回应税消费品数量	委托加工收回应税消费品计税价格	适用税率		受托方已代收代缴的税款	受托方（扣缴义务人）名称	受托方（扣缴义务人）识别号	税收缴款书（代扣代收专用）号码	税收缴款书（代扣代收专用）开具日期
				定额税率	比例税率					
1	2	3	4	5	6	$7 = 3 \times 5 + 4 \times 6$	8	9	10	11

二、委托加工收回应税消费品领用存情况						
应税消费品名称	商品和服务税收分类编码	上期库存数量	本期委托加工收回入库数量	本期委托加工收回直接销售数量	本期委托加工收回用于连续生产数量	本期结存数量
1	2	3	4	5	6	$7 = 3 + 4 - 5 - 6$

◆ 填写说明

(1) 本表由委托方填写，第一部分填报委托加工收回的应税消费品在委托加工环节由受托方代收代缴税款情况；第二部分填报委托加工收回应税消费品领用存情况。

(2) 第一部分第 1 栏"应税消费品名称"、第 5 栏"定额税率"和第 6 栏"比例税率"的填写同主表。

(3) 第一部分第 2 栏 "商品和服务税收分类编码"：仅成品油消费税纳税人填报，按所开具增值税发票对应的税收分类编码填写。

(4) 第一部分第 3 栏 "委托加工收回应税消费品数量"：填写委托加工收回并取得税收缴款书 (代扣代收专用) 的各应税消费品的数量，其计量单位应与《应税消费品名称、税率和计量单位对照表》一致。

(5) 第一部分第 4 栏 "委托加工收回应税消费品计税价格"：填写委托加工收回的应税消费品在委托加工环节，由受托方代收代缴消费税时的计税价格。

(6) 第一部分第 7 栏 "受托方已代收代缴的税款"：填写受托方代收代缴的税款，计算公式为

① 实行从量定额计税：受托方已代收代缴的税款 = 委托加工收回应税消费品数量 × 定额税率；

② 实行从价定率计税：受托方已代收代缴的税款 = 委托加工收回应税消费品计税价格 × 比例税率；

③ 实行复合计税：受托方已代收代缴的税款 = 委托加工收回应税消费品数量 × 定额税率 + 委托加工收回应税消费品计税价格 × 比例税率。

(7) 第一部分第 8 栏 "受托方 (扣缴义务人) 名称"、第 9 栏 "受托方 (扣缴义务人) 识别号"：填写受托方信息。

(8) 第一部分第 10 栏 "税收缴款书 (代扣代收专用) 号码"、第 11 栏 "税收缴款书 (代扣代收专用) 开具日期"：填写受托加工方代扣代缴税款凭证上注明的信息。

(9) 第二部分第 1 栏 "应税消费品名称" 的填写同主表。

(10) 第二部分第 2 栏 "商品和服务税收分类编码"：仅成品油消费税纳税人填报，按所开具增值税发票对应的税收分类编码填写。

(11) 第二部分第 3 栏 "上期库存数量"：填写上期本表第二部分第 7 栏 "本期结存数量" 数值。

(12) 第二部分第 4 栏 "本期委托加工收回入库数量"：填写委托加工收回应税消费品数量，与本表第一部分第 3 栏 "委托加工收回应税消费品数量" 数值相等。

(13) 第二部分第 5 栏 "本期委托加工收回直接销售数量"：填写纳税人将委托加工收回的应税消费品直接销售的数量。

(14) 第二部分第 6 栏 "本期委托加工收回用于连续生产数量"：填写纳税人将委托加工收回的应税消费品用于连续生产应税消费品的数量。成品油消费税纳税人填写本表第二部分第 6 栏 "本期委托加工收回用于连续生产数量" 的数值应等于《本期准予扣除税额计算表 (成品油消费税纳税人适用)》第一部分第 4 栏 "委托加工收回连续生产数量" 数值。

(15) 第二部分第 7 栏 "本期结存数量"：填写期末留存的委托加工收回应税消费品库存数量，计算公式为

本期结存数量 = 上期库存数量 + 本期委托加工收回入库数量 - 本期委托加工收回直接销售数量 - 本期委托加工收回用于连续生产数量，且本期结存数量 ≥ 0

(16) 本表为 A4 横式，所有数字小数点后保留两位。一式二份，一份纳税人留存，一份税务机关留存。

8. 卷烟批发企业月份销售明细清单

卷烟批发企业月份销售明细清单（卷烟批发环节消费税纳税人适用）见表1-15。

表 1-15　卷烟批发企业月份销售明细清单
(卷烟批发环节消费税纳税人适用)

卷烟条包装商品条码	卷烟牌号规格	卷烟类别	卷烟类型	销售价格	销售数量	销售额	备注
1	2	3	4	5	6	7	8

◆ 填写说明

(1) 本表由卷烟批发环节消费税纳税人填报，于办理消费税纳税申报时一并报送。

(2) 第2栏"卷烟牌号规格"名称为经国家烟草专卖局批准生产的卷烟牌号规格。

(3) 第3栏"卷烟类别"为国家烟草专卖局划分的卷烟类别，即一类卷烟、二类卷烟、三类卷烟、四类卷烟和五类卷烟。

(4) 第4栏"卷烟类型"为国产卷烟、进口卷烟、罚没卷烟、其他。

(5) 第5栏"销售价格"为卷烟批发企业向零售单位销售卷烟的实际价格，不含增值税。计量单位为"元/条(200支)"，非标准条包装的卷烟应折算成标准条卷烟价格。

(6) 第6栏"销售数量"为卷烟批发企业向零售单位销售卷烟的数量。计量单位为"万支"。

(7) 第7栏"销售额"为卷烟批发企业向零售单位销售卷烟的实际销售额，不含增值税。计量单位为"元"。

(8) 本表为A4横式，仅报送电子文件。本表所有数字小数点后保留两位。

9. 卷烟生产企业合作生产卷烟消费税情况报告表

卷烟生产企业合作生产卷烟消费税情况报告表（卷烟生产环节消费税纳税人适用）见表1-16。

表 1-16　卷烟生产企业合作生产卷烟消费税情况报告表
(卷烟生产环节消费税纳税人适用)

品牌输出方		品牌输入方		卷烟条包装商品条码	卷烟牌号规格	销量	销售价格	销售额	品牌输入方已缴纳税款
企业名称	统一社会信用代码	企业名称	统一社会信用代码						
1	2	3	4	5	6	7	8	9	10
合计							—		

◆ 填写说明

(1) 本表由卷烟生产环节消费税纳税人填报，未发生合作生产卷烟业务的纳税人不填报本表。

(2) 第 1 栏 "企业名称"：填写品牌输出方卷烟生产企业名称。

(3) 第 2 栏 "统一社会信用代码"：填写品牌输出方卷烟生产企业的统一社会信用代码。

(4) 第 3 栏 "企业名称"：填写品牌输入方卷烟生产企业名称。

(5) 第 4 栏 "统一社会信用代码"：填写品牌输入方卷烟生产企业的统一社会信用代码。

(6) 第 6 栏 "卷烟牌号规格"：填写经国家烟草专卖局批准生产的卷烟牌号规格。

(7) 第 8 栏 "销售价格" 为品牌输入方卷烟生产企业销售卷烟的实际价格，不含增值税。计量单位为 "元 / 条 (200 支)"，非标准条包装的卷烟应折算成标准条卷烟价格。

(8) 第 9 栏 "销售额"：填写品牌输入方卷烟生产企业销售卷烟的实际销售额，不含增值税。计量单位为 "元"。

(9) 第 10 栏 "品牌输入方已缴纳税款"：由品牌输入方卷烟生产企业填写。

(10) 本表为 A4 横式，所有数字小数点后保留两位。一式二份，一份纳税人留存，一份税务机关留存。

10. 消费税附加税费计算表

消费税附加税费计算表见表1-17。

表1-17 消费税附加税费计算表

税（费）种	计税（费）依据 消费税税额	税（费）率(%)	本期应纳税（费）额	本期减免税（费）额 减免性质代码	本期减免税（费）额 减免税（费）额	本期是否适用增值税小规模纳税人"六税两费"减征政策 □是 □否 减征比例(%)	本期是否适用增值税小规模纳税人"六税两费"减征政策 □是 □否 减征额	本期已缴税（费）额	本期应补（退）税（费）额
	1	2	3 = 1 × 2	4	5	6	7 = (3 − 5) × 6	8	9 = 3 − 5 − 7 − 8
城市维护建设税									
教育费附加									
地方教育附加									
合计	—	—		—			—		

◆ **填写说明**

(1) 本表由消费税纳税人填报。

(2) 第1栏"消费税税额"：填写主表"本期应补（退）税额"栏数值。

(3) 第2栏"税（费）率"：填写相应税（费）的税（费）率。

(4) 第3栏"本期应纳税（费）额"：填写本期按适用的税（费）率计算缴纳的应纳税（费）额，计算公式为

$$本期应纳税（费）额 = 消费税税额 × 税（费）率$$

(5) 第4栏"减免性质代码"：按《减免税政策代码目录》中附加税费适用的减免性质代码填写，增值税小规模纳税人"六税两费"减征政策优惠不在此栏填写。有减免税（费）情况的必填。

(6) 第5栏"减免税（费）额"：填写本期减免的税（费）额。

(7)"本期是否适用增值税小规模纳税人'六税两费'减征政策"栏：本期适用增值税小规模纳税人"六税两费"减征政策的，勾选"是"；否则，勾选"否"。增值税一般纳税人按规定转登记为增值税小规模纳税人的，自成为增值税小规模纳税人的当月起适用减征优惠。增值税小规模纳税人按规定登记为增值税一般纳税人的，自增值税一般纳税人生效之日起不再适用减征优惠；纳税人的年增值税应税销售额超过增值税小规模纳税人标准应当登记为增值税一般纳税人而未登记，经税务机关通知，逾期仍不办理登记的，自逾期次月起不再适用减征优惠。

(8)第6栏"减征比例"：按当地省级政府根据《财政部 税务总局关于实施小微企业普惠性税收减免政策的通知》(财税〔2019〕13号)确定的减征比例填写。

(9)第7栏"减征额"：计算公式为

$$减征额 = (本期应纳税(费)额 - 减免税(费)额) × 减征比例$$

(10)第8栏"本期已缴税(费)额"：填写本期应纳税(费)额中已经缴纳的部分。

(11)第9栏"本期应补(退)税(费)额"：计算公式为

$$本期应补(退)税(费)额 = 本期应纳税(费)额 - 减免税(费)额 - 减征额 - 本期已缴税(费)额$$

(12)本表为A4横式，所有数字小数点后保留两位。一式二份，一份纳税人留存，一份税务机关留存。

三、企业所得税及纳税申报表

(一)企业所得税概况

中国境内的一切企业和其他取得收入的组织(不包括个人独资企业、合伙企业)，为企业所得税纳税人。企业分为居民企业和非居民企业。居民企业应当就其来源于中国境内、境外的所得缴纳企业所得税。非居民企业根据其是否在中国境内设立机构、场所，以及所得是否与境内机构、场所有实际联系确定应纳税所得额。企业所得税以企业每一纳税年度的收入总额，减除不征税收入、免税收入、各项扣除以及允许弥补的以前年度亏损后的余额，为应纳税所得额，税率为25%。企业所得税按纳税年度计算，纳税年度自公历1月1日起至12月31日止。企业所得税实行按月或按季预缴、年终汇算清缴、多退少补的征收办法，即企业应当自月份或者季度终了之日起15日内，向税务机关报送预缴企业所得税纳税申报表，预缴税款。企业应当自年度终了之日起5个月内，向税务机关报送年度企业所得税纳税申报表，并汇算清缴，结清应缴应退税款。

企业所得税纳税申报流程见图1-4。

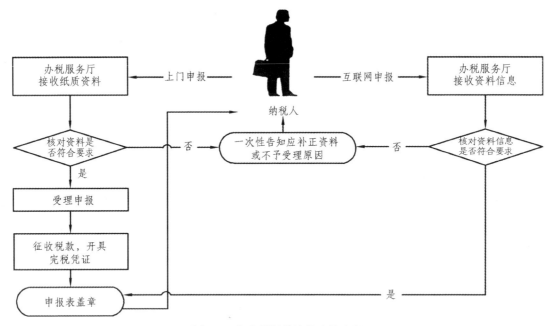

图 1-4　企业所得税纳税申报流程

（二）企业所得税纳税申报表样表及填写说明

在本书中，我们主要探讨在年中某一月的会计核算，而非年末的会计核算。因此，这里主要介绍企业所得税月（季）度预缴纳税申报。

1. 企业所得税月（季）度预缴纳税申报表

中华人民共和国企业所得税月（季）度预缴纳税申报表（A 类）(A200000) 见表 1-18。

表 1-18　中华人民共和国企业所得税月（季）度预缴纳税申报表 (A 类)(A200000)

税款所属期间：　　年　月　日至　年　月　日

纳税人识别号 (统一社会信用代码)：□□□□□□□□□□□□□□□□□□

纳税人名称：

金额单位：人民币元 (列至角分)

优 惠 及 附 报 事 项 有 关 信 息									
项 目	一季度		二季度		三季度		四季度		季度平均值
	季初	季末	季初	季末	季初	季末	季初	季末	
从业人数									
资产总额 (万元)									
国家限制或禁止行业	□是 □否				小型微利企业				□是 □否
附 报 事 项 名 称									金额或选项
事项 1	(填写特定事项名称)								
事项 2	(填写特定事项名称)								
预 缴 税 款 计 算									本年累计
1	营业收入								
2	营业成本								
3	利润总额								
4	加：特定业务计算的应纳税所得额								
5	减：不征税收入								
6	减：资产加速折旧、摊销 (扣除) 调减额 (填写 A201020)								
7	减：免税收入、减计收入、加计扣除 (7.1 + 7.2 + …)								
7.1	(填写优惠事项名称)								
7.2	(填写优惠事项名称)								
8	减：所得减免 (8.1 + 8.2 + …)								
8.1	(填写优惠事项名称)								

	预 缴 税 款 计 算	本年累计
8.2	（填写优惠事项名称）	
9	减：弥补以前年度亏损	
10	实际利润额 (3 + 4 - 5 - 6 - 7 - 8 - 9)\ 按照上一纳税年度应纳税所得额平均额确定的应纳税所得额	
11	税率 (25%)	
12	应纳所得税额 (10 × 11)	
13	减：减免所得税额 (13.1 + 13.2 + …)	
13.1	（填写优惠事项名称）	
13.2	（填写优惠事项名称）	
14	减：本年实际已缴纳所得税额	
15	减：特定业务预缴（征）所得税额	
16	本期应补（退）所得税额 (12 - 13 - 14 - 15)\ 税务机关确定的本期应纳所得税额	
汇总纳税企业总分机构税款计算		
17	总机构	总机构本期分摊应补（退）所得税额 (18 + 19 + 20)	
18		其中：总机构分摊应补（退）所得税额 (16 × 总机构分摊比例 ____%)	
19		财政集中分配应补（退）所得税额 (16 × 财政集中分配比例 ____%)	
20		总机构具有主体生产经营职能的部门分摊所得税额 (16 × 全部分支机构分摊比例 ____% × 总机构具有主体生产经营职能部门分摊比例 ____%)	
21	分支机构	分支机构本期分摊比例	
22		分支机构本期分摊应补（退）所得税额	

续表二

实际缴纳企业所得税计算			
23	减：民族自治地区企业所得税地方分享部分（□ 免征 □ 减征：减征幅度 ＿＿＿%）	本年累计应减免金额 [(12－13－15)× 40%× 减征幅度]	
24	实际应补（退）所得税额		

谨声明：本纳税申报表是根据国家税收法律法规及相关规定填报的，是真实的、可靠的、完整的。

纳税人（签章）：　年　月　日

经办人： 经办人身份证号： 代理机构签章： 代理机构统一社会信用代码：	受理人： 受理税务机关（章）： 受理日期：　年　月　日

国家税务总局监制

◆ **填写说明**

1. 适用范围

本表适用于实行查账征收企业所得税的居民企业纳税人（以下简称"纳税人"）在月（季）度预缴纳税申报时填报。执行《跨地区经营汇总纳税企业所得税征收管理办法》（国家税务总局公告 2012 年第 57 号发布，2018 年第 31 号修改）的跨地区经营汇总纳税企业的分支机构，除预缴纳税申报时填报外，在年度纳税申报时也填报本表。省（自治区、直辖市和计划单列市）税务机关对仅在本省（自治区、直辖市和计划单列市）内设立不具有法人资格分支机构的企业，参照《跨地区经营汇总纳税企业所得税征收管理办法》征收管理的，企业的分支机构除在预缴纳税申报时填报外，在年度纳税申报时也填报本表。

2. 表头项目

1) 税款所属期间

(1) 月（季）度预缴纳税申报：正常经营的纳税人，填报税款所属期月（季）度第一日至税款所属期月（季）度最后一日；年度中间开业的纳税人，在首次月（季）度预缴纳税申报时，填报开始经营之日至税款所属月（季）度最后一日，以后月（季）度预缴纳税申报时按照正常情况填报；年度中间终止经营活动的纳税人，在终止经营活动当期纳税申报时，填报税款所属期月（季）度第一日至终止经营活动之日，以后月（季）度预缴纳税申报时不再填报。

(2) 年度纳税申报：填报税款所属年度 1 月 1 日至 12 月 31 日。

2) 纳税人识别号（统一社会信用代码）

填报税务机关核发的纳税人识别号或有关部门核发的统一社会信用代码。

3) 纳税人名称

填报营业执照、税务登记证等证件载明的纳税人名称。

3. 优惠及附报事项有关信息

本项下所有项目按季度填报。按月申报的纳税人，在季度最后一个属期的月份填报。企业类型为"跨地区经营汇总纳税企业分支机构"的，不填报"优惠及附报事项有关信息"所有项目。

1) 从业人数

必报项目。

纳税人填报第一季度至税款所属季度各季度的季初、季末、季度平均从业人员的数量。季度中间开业的纳税人，填报开业季度至税款所属季度各季度的季初、季末从业人员的数量，其中开业季度"季初"填报开业时从业人员的数量。季度中间停止经营的纳税人，填报第一季度至停止经营季度各季度的季初、季末从业人员的数量，其中停止经营季度"季末"填报停止经营时从业人员的数量。"季度平均值"填报截至本税款所属期末从业人员数量的季度平均值，计算方法如下：

$$各季度平均值 = （季初值 + 季末值）\div 2$$

$$截至本税款所属期末季度平均值 = 截至本税款所属期末各季度平均值之和 \div 相应季度数$$

年度中间开业或者终止经营活动的，以其实际经营期计算上述指标。

从业人数是指与企业建立劳动关系的职工人数和企业接受的劳务派遣用工人数之和。汇总纳税企业总机构填报包括分支机构在内的所有从业人数。

2) 资产总额

必报项目。

纳税人填报第一季度至税款所属季度各季度的季初、季末、季度平均资产总额的金额。季度中间开业的纳税人，填报开业季度至税款所属季度各季度的季初、季末资产总额的金额，其中开业季度"季初"填报开业时资产总额的金额。季度中间停止经营的纳税人，填报第一季度至停止经营季度各季度的季初、季末资产总额的金额，其中停止经营季度"季末"填报停止经营时资产总额的金额。"季度平均值"填报截至本税款所属期末资产总额金额的季度平均值，计算方法如下：

$$各季度平均值 = (季初值 + 季末值) \div 2$$

$$截至本税款所属期末季度平均值 = 截至本税款所属期末各季度平均值之和 \div 相应季度数$$

年度中间开业或者终止经营活动的，以其实际经营期计算上述指标。

填报单位为人民币万元，保留小数点后 2 位。

3) 国家限制或禁止行业

必报项目。

纳税人从事行业为国家限制或禁止行业的，选择"是"；其他选择"否"。

4) 小型微利企业

必报项目。

本纳税年度截至本期末的从业人数季度平均值不超过 300 人、资产总额季度平均值不超过 5000 万元、本表"国家限制或禁止行业"选择"否"且本期本表第 10 行"实际利润额 \ 按照上一纳税年度应纳税所得额平均额确定的应纳税所得额"不超过 300 万元的纳税人，选择"是"；否则选择"否"。

5) 附报事项名称

纳税人根据《企业所得税申报事项目录》，发生符合税法相关规定的支持新型冠状病毒感染的肺炎疫情防控捐赠支出、扶贫捐赠支出、软件集成电路企业优惠政策适用类型等特定事项时，填报事项名称、该事项本年累计享受金额或选择享受优惠政策的有关信息。同时发生多个事项，可以增加行次。

4. 预缴税款计算

预缴方式为"按照实际利润额预缴"的纳税人填报第 1 行至第 16 行，预缴方式为"按照上一纳税年度应纳税所得额平均额预缴"的纳税人填报第 10、11、12、13、14、16 行，预缴方式为"按照税务机关确定的其他方法预缴"的纳税人填报第 16 行。

(1) 第 1 行"营业收入"：填报纳税人截至本税款所属期末，按照国家统一会计制度规定核算的本年累计营业收入。例如：以前年度已经开始经营且按季度预缴纳税申报的纳税人，第二季度预缴纳税申报时本行填报本年 1 月 1 日至 6 月 30 日期间的累计营业收入。

(2) 第 2 行"营业成本"：填报纳税人截至本税款所属期末，按照国家统一会计制度规定核算的本年累计营业成本。

(3) 第 3 行"利润总额"：填报纳税人截至本税款所属期末，按照国家统一会计制度规定核算的本年累计利润总额。

(4) 第 4 行"特定业务计算的应纳税所得额"：从事房地产开发等特定业务的纳税人，填报按照税收规定计算的特定业务的应纳税所得额。房地产开发企业销售未完工开发产品取得的预售收入，按照税收规定的预计计税毛利率计算出预计毛利额，扣除实际缴纳且在会计核算中未计入当期损益的土地增值税等税金及附加后的金额，在此行填报。

(5) 第 5 行"不征税收入"：填报纳税人已经计入本表"利润总额"行次但税收规定不征税收入的本年累计金额。

(6) 第 6 行"资产加速折旧、摊销（扣除）调减额"：填报资产税收上享受加速折旧、摊销优惠政策计算的折旧额、摊销额大于同期会计折旧额、摊销额期间发生纳税调减的本年累计金额。

本行根据《资产加速折旧、摊销（扣除）优惠明细表》(A201020) 填报。

(7) 第 7 行"免税收入、减计收入、加计扣除"：根据相关行次计算结果填报。根据《企业所得税申报事项目录》，在第 7.1 行、第 7.2 行……填报税收规定的免税收入、减计收入、加计扣除等优惠事项的具体名称和本年累计金额。发生多项且根据税收规定可以同时享受的优惠事项，可以增加行次，但每个事项仅能填报一次。

(8) 第 8 行"所得减免"：根据相关行次计算结果填报。当第 3＋4－5－6－7 行≤ 0 时，本行不填报。

根据《企业所得税申报事项目录》，在第 8.1 行、第 8.2 行……填报税收规定的所得减免优惠事项的名称和本年累计金额。发生多项且根据税收规定可以同时享受的优惠事项，可以增加行次，但每个事项仅能填报一次。每项优惠事项下有多个具体项目的，应分别确定各具体项目所得，并填写盈利项目（项目所得＞ 0) 的减征、免征所得额的合计金额。

(9) 第 9 行"弥补以前年度亏损"：填报纳税人截至本税款所属期末，按照税收规定在企业所得税税前弥补的以前年度尚未弥补亏损的本年累计金额。

当本表第 3＋4－5－6－7－8 行≤ 0 时，本行＝0。

(10) 第 10 行"实际利润额\按照上一纳税年度应纳税所得额平均额确定的应纳税所得额"：预缴方式为"按照实际利润额预缴"的纳税人，根据本表相关行次计算结果填报，第 10 行＝第 3＋4－5－6－7－8－9 行；预缴方式为"按照上一纳税年度应纳税所得额平均额预缴"的纳税人，填报按照上一纳税年度应纳税所得额平均额计算的本年累计金额。

(11) 第 11 行"税率 (25%)"：填报 25%。

(12) 第 12 行"应纳所得税额"：根据相关行次计算结果填报。第 12 行＝第 10×11 行，且第 12 行≥ 0。

(13) 第 13 行"减免所得税额"：根据相关行次计算结果填报。根据《企业所得税申报事项目录》，在第 13.1 行、第 13.2 行……填报税收规定的减免所得税额优惠事项的具体名称和本年累计金额。发生多项且根据税收规定可以同时享受的优惠事项，可以增加行次，但每个事项仅能填报一次。

(14) 第 14 行 "本年实际已缴纳所得税额"：填报纳税人按照税收规定已在此前月 (季) 度申报预缴企业所得税的本年累计金额。

建筑企业总机构直接管理的跨地区设立的项目部，按照税收规定已经向项目所在地主管税务机关预缴企业所得税的金额不填本行，而是填入本表第 15 行。

(15) 第 15 行 "特定业务预缴 (征) 所得税额"：填报建筑企业总机构直接管理的跨地区设立的项目部，按照税收规定已经向项目所在地主管税务机关预缴企业所得税的本年累计金额。

本行本期填报金额不得小于本年上期申报的金额。

(16) 第 16 行 "本期应补 (退) 所得税额 \ 税务机关确定的本期应纳所得税额"：按照不同预缴方式，分情况填报。

预缴方式为 "按照实际利润额预缴" 以及 "按照上一纳税年度应纳税所得额平均额预缴" 的纳税人，根据本表相关行次计算填报。第 16 行 = 第 12 - 13 - 14 - 15 行，当第 12 - 13 - 14 - 15 行 < 0 时，本行填 0。其中，企业所得税收入全额归属中央且按比例就地预缴企业的分支机构，以及在同一省 (自治区、直辖市、计划单列市) 内的按比例就地预缴企业的分支机构，第 16 行 = 第 12 行 × 就地预缴比例 - 第 13 行 × 就地预缴比例 - 第 14 行 - 第 15 行，当第 12 行 × 就地预缴比例 - 第 13 行 × 就地预缴比例 - 第 14 行 - 第 15 行 < 0 时，本行填 0。

预缴方式为 "按照税务机关确定的其他方法预缴" 的纳税人，本行填报本期应纳企业所得税的金额。

5. 汇总纳税企业总分机构税款计算

"跨地区经营汇总纳税企业总机构" 的纳税人填报第 17、18、19、20 行；"跨地区经营汇总纳税企业分支机构" 的纳税人填报第 21、22 行。

(1) 第 17 行 "总机构本期分摊应补 (退) 所得税额"：跨地区经营汇总纳税企业的总机构根据相关行次计算结果填报，第 17 行 = 第 18 + 19 + 20 行。

(2) 第 18 行 "总机构分摊应补 (退) 所得税额 (16 × 总机构分摊比例 ____%)"：根据相关行次计算结果填报，第 18 行 = 第 16 行 × 总机构分摊比例。其中：跨省、自治区、直辖市和计划单列市经营的汇总纳税企业 "总机构分摊比例" 填报 25%，同一省 (自治区、直辖市、计划单列市) 内跨地区经营汇总纳税企业 "总机构分摊比例" 按照各省 (自治区、直辖市、计划单列市) 确定的总机构分摊比例填报。

(3) 第 19 行 "财政集中分配应补 (退) 所得税额 (16 × 财政集中分配比例 ____%)"：根据相关行次计算结果填报，第 19 行 = 第 16 行 × 财政集中分配比例。其中：跨省、自治区、直辖市和计划单列市经营的汇总纳税企业 "财政集中分配比例" 填报 25%，同一

省 (自治区、直辖市、计划单列市) 内跨地区经营汇总纳税企业 "财政集中分配比例" 按照各省 (自治区、直辖市、计划单列市) 确定的财政集中分配比例填报。

(4) 第 20 行 "总机构具有主体生产经营职能的部门分摊所得税额 (16 × 全部分支机构分摊比例 ____% × 总机构具有主体生产经营职能部门分摊比例 ____%)" : 根据相关行次计算结果填报,第 20 行 = 第 16 行 × 全部分支机构分摊比例 × 总机构具有主体生产经营职能部门分摊比例。其中:跨省、自治区、直辖市和计划单列市经营的汇总纳税企业 "全部分支机构分摊比例" 填报 50%,同一省 (自治区、直辖市、计划单列市) 内跨地区经营汇总纳税企业 "分支机构分摊比例" 按照各省 (自治区、直辖市、计划单列市) 确定的分支机构分摊比例填报;"总机构具有主体生产经营职能部门分摊比例" 按照设立的具有主体生产经营职能的部门在参与税款分摊的全部分支机构中的分摊比例填报。

(5) 第 21 行 "分支机构本期分摊比例" : 跨地区经营汇总纳税企业分支机构填报其总机构出具的本期《企业所得税汇总纳税分支机构所得税分配表》"分配比例" 列次中列示的本分支机构的分配比例。

(6) 第 22 行 "分支机构本期分摊应补 (退) 所得税额" : 跨地区经营汇总纳税企业分支机构填报其总机构出具的本期《企业所得税汇总纳税分支机构所得税分配表》"分配所得税额" 列次中列示的本分支机构应分摊的所得税额。

6. 实际缴纳企业所得税计算

适用于民族自治地区纳税人填报。

(1) 第 23 行 "民族自治地方的自治机关对本民族自治地方的企业应缴纳的企业所得税中属于地方分享的部分减征或免征 (□ 免征 □ 减征:减征幅度 ____%)" : 根据《中华人民共和国企业所得税法》《中华人民共和国民族区域自治法》《财政部国家税务总局关于贯彻落实国务院关于实施企业所得税过渡优惠政策有关问题的通知》(财税〔2008〕21 号) 等规定,实行民族区域自治的自治区、自治州、自治县的自治机关对本民族自治地方的企业应缴纳的企业所得税中属于地方分享的部分,可以决定免征或减征,自治州、自治县决定减征或者免征的,须报省、自治区、直辖市人民政府批准。

纳税人填报该行次时,根据享受政策的类型选择 "免征" 或 "减征",二者必选其一。选择 "免征" 是指免征企业所得税税收地方分享部分;选择 "减征:减征幅度 ____%" 是指减征企业所得税税收地方分享部分。此时需填写 "减征幅度",减征幅度填写范围为 1 至 100,表示企业所得税税收地方分享部分的减征比例。例如:地方分享部分减半征收,则选择 "减征",并在 "减征幅度" 后填写 "50%"。

本行填报纳税人按照规定享受的民族自治地方的自治机关对本民族自治地方的企业应缴纳的企业所得税中属于地方分享的部分减征或免征额的本年累计金额。

(2) 第 24 行"实际应补（退）所得税额"：本行填报民族自治地区纳税人本期实际应补（退）所得税额。

7. 表内表间关系

1) 表内关系

(1) 第 7 行 = 第 7.1 + 7.2 + …行。

(2) 第 8 行 = 第 8.1 + 8.2 + …行。

(3) 预缴方式为"按照实际利润额预缴"的纳税人，第 10 行 = 第 3 + 4 − 5 − 6 − 7 − 8 − 9 行。

(4) 第 12 行 = 第 10 × 11 行。

(5) 第 13 行 = 第 13.1 + 13.2 + …行。

(6) 预缴方式为"按照实际利润额预缴""按照上一纳税年度应纳税所得额平均额预缴"的纳税人，第 16 行 = 第 12 − 13 − 14 − 15 行。当第 12 − 13 − 14 − 15 行 < 0 时，第 16 行 = 0。其中，企业所得税收入全额归属中央且按比例就地预缴企业的分支机构，以及在同一省（自治区、直辖市、计划单列市）内的按比例就地预缴企业的分支机构，第 16 行 = 第 12 行 × 就地预缴比例 − 第 13 行 × 就地预缴比例 − 第 14 行 − 第 15 行。当第 12 行 × 就地预缴比例 − 第 13 行 × 就地预缴比例 − 第 14 行 − 第 15 行 < 0 时，第 16 行 = 0。

(7) 第 17 行 = 第 18 + 19 + 20 行。

(8) 第 18 行 = 第 16 行 × 总机构分摊比例。

(9) 第 19 行 = 第 16 行 × 财政集中分配比例。

(10) 第 20 行 = 第 16 行 × 全部分支机构分摊比例 × 总机构具有主体生产经营职能部门分摊比例。

2) 表间关系

(1) 第 6 行 = 表 A201020 第 3 行第 5 列。

(2) 第 16 行 = 表 A202000"应纳所得税额"栏次填报的金额。

(3) 第 18 行 = 表 A202000"总机构分摊所得税额"栏次填报的金额。

(4) 第 19 行 = 表 A202000"总机构财政集中分配所得税额"栏次填报的金额。

(5) 第 20 行 = 表 A202000"分支机构情况"中对应总机构独立生产经营部门行次的"分配所得税额"列次填报的金额。

2. 资产加速折旧、摊销（扣除）优惠明细表

资产加速折旧、摊销（扣除）优惠明细表 (A201020) 见表 1-19。

表 1-19　资产加速折旧、摊销（扣除）优惠明细表 (A201020)

行次	项目	本年享受优惠的资产原值	本年累计折旧\摊销（扣除）金额				
			账载折旧\摊销金额	按照税收一般规定计算的折旧\摊销金额	享受加速政策计算的折旧\摊销金额	纳税调减金额	享受加速政策优惠金额
		1	2	3	4	5	6 = 4 − 3
1	一、加速折旧、摊销（不含一次性扣除，1.1 + 1.2 + …）						
1.1	（填写优惠事项名称）						
1.2	（填写优惠事项名称）						
2	二、一次性扣除 (2.1 + 2.2 + …)						
2.1	（填写优惠事项名称）						
2.2	（填写优惠事项名称）						
3	合计 (1 + 2)						

◆ **填写说明**

1. 适用范围及总体说明

1) 适用范围

本表为《中华人民共和国企业所得税月（季）度预缴纳税申报表（A 类）》(A200000) 附表，适用于按照《财政部 国家税务总局关于完善固定资产加速折旧企业所得税政策的通知》（财税〔2014〕75 号）、《财政部 国家税务总局关于进一步完善固定资产加速折旧企业所得税政策的通知》（财税〔2015〕106 号）、《财政部 税务总局关于设备器具扣除有关企业所得税政策的通知》（财税〔2018〕54 号）、《财政部 税务总局关于扩大固定资产加速折旧优惠政策适用范围的公告》(2019 年第 66 号）、《财政部 税务总局关于支持新型冠状病毒感染的肺炎疫情防控有关税收政策的公告》(2020 年第 8 号）、《财政部 税务总局关于支持疫情防控保供等税费政策实施期限的公告》(2020 年第 28 号）、《财政部 税务总局关于海南自由贸易港企业所得税优惠政策的通知》（财税〔2020〕31 号）等文件规定，享受资产加速折旧、摊销和一次性扣除优惠政策的纳税人填报。不享受资产加速折旧、摊销和一次性扣除优惠政策的纳税人，无需填报。

根据《国家税务总局关于企业固定资产加速折旧所得税处理有关问题的通知》（国税发〔2009〕81 号）、《财政部 国家税务总局关于进一步鼓励软件产业和集成电路产业发展企业所得税政策的通知》（财税〔2012〕27 号）等规定，上述政策仅适用于汇算清缴，纳税人在月（季）度预缴申报时不填报本表。

2) 总体说明

(1) 本表主要目的。

① 落实税收优惠政策。本年度内享受相关文件规定的资产加速折旧、摊销和一次性扣除优惠政策的纳税人，在月（季）度预缴纳税申报时对其相应资产的折旧、摊销金额进行纳税调整，以调减其应纳税所得额。

② 实施减免税核算。对本年度内享受上述文件规定的资产加速折旧、摊销和一次性扣除优惠政策的纳税人，核算其减免税情况。

(2) 填报原则。

纳税人享受文件规定资产加速折旧、摊销和一次性扣除优惠政策，应按以下原则填报：

① 按照上述政策，本表仅填报执行加速折旧、摊销和一次性扣除政策的资产，不执行上述政策的资产不在本表填报。

② 自该资产开始计提折旧、摊销起，在"享受加速政策计算的折旧摊销金额"大于"按照税收一般规定计算的折旧摊销金额"的折旧、摊销期间内，必须填报本表。

"享受加速政策计算的折旧摊销金额"是指纳税人享受文件规定资产加速折旧、摊销优惠政策的资产，采取税收加速折旧、摊销或一次性扣除方式计算的税收折旧、摊销额。

"按照税收一般规定计算的折旧摊销金额"是指该资产按照税收一般规定计算的折旧、摊销金额，即该资产在不享受加速折旧、摊销政策情况下，按照税收规定的最低折旧年限以直线法计算的折旧、摊销金额。对于享受一次性扣除的资产，"按照税收一般规定计算的折旧摊销金额"直接填报按照税收一般规定计算的1个月的折旧、摊销金额。

③ 自该资产开始计提折旧、摊销起，在"享受加速政策计算的折旧摊销金额"小于"按照税收一般规定计算的折旧摊销金额"的折旧、摊销期间内，不填报本表。

资产折旧、摊销本年先后出现"税收折旧、摊销大于一般折旧、摊销"和"税收折旧、摊销小于等于一般折旧、摊销"两种情形的，在"税收折旧、摊销小于等于一般折旧、摊销"期间，仍需根据该资产"税收折旧、摊销大于一般折旧、摊销"期内最后一期折旧、摊销的有关情况填报本表，直至本年最后一次月（季）度预缴纳税申报。

④ 以前年度开始享受加速政策的，若该资产本年符合第②条原则，应继续填报本表。

2. 有关项目填报说明

1) 行次填报

(1) 第1行"一、加速折旧、摊销（不含一次性扣除）"：根据相关行次计算结果填报。根据《企业所得税申报事项目录》，在第1.1行、第1.2行……填报税收规定的资产加速折旧、摊销（不含一次性扣除）优惠事项的具体信息。同时发生多个事项的可以增加行次，但每个事项仅能填报一次。一项资产仅可适用一项优惠事项，不得重复填报。

(2) 第 2 行 "二、一次性扣除"：根据相关行次计算结果填报。根据《企业所得税申报事项目录》，在第 2.1 行、第 2.2 行……填报税收规定的资产一次性扣除优惠事项的具体信息。发生多项且根据税收规定可以同时享受的优惠事项，可以增加行次，但每个事项仅能填报一次。一项资产仅可适用一项优惠事项，不得重复填报。

2) 列次填报

列次填报时间口径：纳税人享受加速折旧、摊销和一次性扣除优惠政策的资产，仅填报采取税收加速折旧、摊销计算的税收折旧、摊销额大于按照税法一般规定计算的折旧、摊销金额期间的金额；税收折旧、摊销小于一般折旧、摊销期间的金额，不再填报本表。同时，保留本年税收折旧、摊销大于一般折旧摊销期间最后一期的本年累计金额继续填报，直至本年度最后一期月（季）度预缴纳税申报。

(1) 第 1 列 "本年享受优惠的资产原值"：填报纳税人按照文件规定享受资产加速折旧、摊销和一次性扣除优惠政策的资产，会计处理计提折旧、摊销的资产原值（或历史成本）的金额。

(2) 第 2 列 "账载折旧\摊销金额"：填报纳税人按照文件规定享受资产加速折旧、摊销和一次性扣除优惠政策的资产，会计核算的本年资产折旧额、摊销额。

(3) 第 3 列 "按照税收一般规定计算的折旧\摊销金额"：填报纳税人按照文件规定享受资产加速折旧、摊销优惠政策的资产，按照税收一般规定计算的允许税前扣除的本年资产折旧、摊销额；享受一次性扣除的资产，本列填报该资产按照税法一般规定计算的一个月的折旧、摊销金额。

所有享受上述优惠的资产都须计算填报一般折旧、摊销额，包括税收和会计处理不一致的资产。

(4) 第 4 列 "享受加速政策计算的折旧\摊销金额"：填报纳税人按照文件规定享受资产加速折旧、摊销和一次性扣除优惠政策的资产，按照税收规定的加速折旧、摊销方法计算的本年资产折旧、摊销额和按上述文件规定一次性税前扣除的金额。

(5) 第 5 列 "纳税调减金额"：纳税人按照文件规定享受资产加速折旧、摊销和一次性扣除优惠政策的资产，在列次填报时间口径规定的期间内，根据会计折旧、摊销金额与税收加速折旧、摊销金额填报。

当会计折旧、摊销金额小于等于税收折旧、摊销金额时，该项资产的 "纳税调减金额" = "享受加速政策计算的折旧\摊销金额" - "账载折旧\摊销金额"。

当会计折旧、摊销金额大于税收折旧、摊销金额时，该项资产 "纳税调减金额" 按 0 填报。

(6) 第 6 列 "享受加速政策优惠金额"：根据相关列次计算结果填报。本列 = 第 4 - 3 列。

3. 表内、表间关系

1) 表内关系

(1) 第 1 行 = 第 1.1 + 1.2 + …行。

(2) 第 2 行 = 第 2.1 + 2.2 + …行。

(3) 第 3 行 = 第 1 + 2 行。

(4) 第 6 列 = 第 4 - 3 列。

2) 表间关系

第 3 行第 5 列 = 表 A200000 第 6 行。

3. 企业所得税汇总纳税分支机构所得税分配表

企业所得税汇总纳税分支机构所得税分配表 (A202000) 见表 1-20。

表 1-20　企业所得税汇总纳税分支机构所得税分配表 (A202000)

税款所属期间：　年　月　日至　年　月　日

总机构名称 (盖章)：

总机构纳税人识别号 (统一社会信用代码)：

金额单位：元 (列至角分)

应纳所得税额		总机构分摊所得税额	总机构财政集中分配所得税额			分支机构分摊所得税额	
	分支机构纳税人识别号 (统一社会信用代码)	分支机构名称	三项因素			分配比例	分配所得税额
			营业收入	职工薪酬	资产总额		
分支机构情况							
	合计						

◆ **填写说明**

1. 适用范围及报送要求

本表为《中华人民共和国企业所得税月（季）度预缴纳税申报表（A类）》（A200000）附表，适用于跨地区经营汇总纳税企业的总机构填报。纳税人应根据《财政部 国家税务总局 中国人民银行关于印发〈跨省市总分机构企业所得税分配及预算管理办法〉的通知》（财预〔2012〕40号）、《跨地区经营汇总纳税企业所得税征收管理办法》（国家税务总局公告2012年第57号发布，2018年第31号修改）规定，计算总分机构每一预缴期应纳的企业所得税额、总机构和分支机构应分摊的企业所得税额。对于仅在同一省（自治区、直辖市和计划单列市）内设立不具有法人资格分支机构的企业，本省（自治区、直辖市和计划单列市）参照上述文件规定制定企业所得税分配管理办法的，按照其规定填报本表。

2. 具体项目填报说明

(1) 税款所属期间：填报税款所属期月（季）度第一日至税款所属期月（季）度最后一日。例如：按季度预缴纳税申报的纳税人，第二季度申报时"税款所属期间"填报"××年4月1日至××年6月30日"。

(2) 总机构名称、分支机构名称：填报营业执照、税务登记证等证件载明的纳税人名称。

(3) 总机构纳税人识别号（统一社会信用代码）、分支机构纳税人识别号（统一社会信用代码）：填报税务机关核发的纳税人识别号或有关部门核发的统一社会信用代码。

(4) 应纳所得税额：填报本税款所属期企业汇总计算的本期应补（退）的所得税额。

(5) 总机构分摊所得税额：对于跨省（自治区、直辖市和计划单列市）经营汇总纳税企业，填报本期《中华人民共和国企业所得税月（季）度预缴纳税申报表（A类）》（A200000）第16行×25%的金额；对于同一省（自治区、直辖市、计划单列市）内跨地区经营汇总纳税企业，填报本期《中华人民共和国企业所得税月（季）度预缴纳税申报表（A类）》（A200000）第16行×各省（自治区、直辖市和计划单列市）确定的总机构分摊比例的金额。

(6) 总机构财政集中分配所得税额：对于跨省（自治区、直辖市和计划单列市）经营汇总纳税企业，填报本期《中华人民共和国企业所得税月（季）度预缴纳税申报表（A类）》（A200000）第16行×25%的金额；对于同一省（自治区、直辖市、计划单列市）内跨地区经营汇总纳税企业，填报本期《中华人民共和国企业所得税月（季）度预缴纳税申报表（A类）》（A200000）第16行×各省（自治区、直辖市和计划单列市）确定的财政集中分配比例的金额。

(7) 分支机构分摊所得税额：对于跨省（自治区、直辖市和计划单列市）经营汇总纳税企业，填报本期《中华人民共和国企业所得税月（季）度预缴纳税申报表（A类）》（A200000）第16行×50%的金额；对于同一省（自治区、直辖市、计划单列市）内跨地区经营汇总纳税企业，填报本期《中华人民共和国企业所得税月 (季) 度预缴纳税申报表 (A 类)》(A200000) 第 16 行 × 各省 (自治区、直辖市和计划单列市) 确定的全部分支机构分摊比例的金额。

(8) 营业收入：填报上一年度各分支机构销售商品、提供劳务、让渡资产使用权等日常经营活动实现的全部收入的合计额。

(9) 职工薪酬：填报上一年度各分支机构为获得职工提供的服务而给予各种形式的报酬以及其他相关支出的合计额。

(10) 资产总额：填报上一年度各分支机构在经营活动中实际使用的应归属于该分支机构的资产合计额。

(11) 分配比例：填报经总机构所在地主管税务机关审核确认的各分支机构分配比例，分配比例应保留小数点后十位。

(12) 分配所得税额：填报分支机构按照分支机构分摊所得税额乘以相应的分配比例的金额。

(13) 合计：填报上一年度各分支机构的营业收入总额、职工薪酬总额和资产总额三项因素的合计金额及本年各分支机构分配比例和分配所得税额的合计金额。

3. 表间关系

(1) "应纳所得税额" 栏次 = 表 A200000 第 16 行。

(2) "总机构分摊所得税额" 栏次 = 表 A200000 第 18 行。

(3) "总机构财政集中分配所得税额" 栏次 = 表 A200000 第 19 行。

(4) "分支机构情况" 中对应总机构独立生产经营部门行次的 "分配所得税额" 栏次 = 表 A200000 第 20 行。

会计实训规范

第一节 书写规范

对于会计核算来说,计算和书写是一个整体,两者完全正确,所获取的资料才真实可靠,才有使用价值。会计核算中填写各种凭证、登记各类账簿以及编制报表和纳税申报表,都要求数字和文字书写符合规范。因此,书写规范是一个合格的会计人员应具备的基本素质。

一、数字书写规范

会计核算中的数字包括大写数字和阿拉伯数字。

(一)大写数字

大写数字主要用于填制需要防止涂改的凭证,如收据、发票、支票以及经济合同等书面凭证。

1. 数码和数位

大写数字是由数码和数位组成的,表示位的文字前必须有数字。

(1) 数码:零、壹、贰、叁、肆、伍、陆、柒、捌、玖。不可用〇、一、二、三、四、五、六、七、八、九代替。

(2) 数位:个、拾、佰、仟、万、拾万、佰万、仟万、亿等。

2. 书写规则

(1) 字体一般写正楷或行书。

(2) 大写金额数字前未印有货币名称的，应当加填货币名称，金额数字与货币名称之间不得留有空白，以防篡改。

(3) 大写金额满"拾"时，必须在"拾"字前写个"壹"字。如￥110.00 大写为：人民币壹佰壹拾元整。

(4) 阿拉伯数字中间有"0"时，汉字大写要写"零"字；阿拉伯数字中间连续有几个"0"时，汉字大写中可以只写一个"零"字；阿拉伯数字中是"0"，或者数字中间连续有几个"0"且元位也是"0"但角位不是"0"时，汉字大写可只写一个"零"字，也可不写"零"字。如￥90,001.20 大写为：人民币玖万零壹元贰角整。

(5) 大写数字到元或者角为止的，在"元"或者"角"字之后应当写"整"字或"正"字；但大写数字有分的，分字后面不写"整"字或"正"字。如￥10,001.01 大写为：人民币壹万零壹元零壹分。

(6) 填写凭证时写错或遗漏，不能涂改，要重新填写。在会计核算中，票据的出票日期必须使用中文大写。为防止变造票据的出票日期，在填写月、日时，月为壹、贰和壹拾的，日为壹至玖、壹拾、贰拾、叁拾的，应在其前加"零"；日为拾壹至拾玖的，月为壹月至拾贰月的，应在其前加"零"。如：10 月 10 日应写为零壹拾月零壹拾日。

（二）阿拉伯数字

阿拉伯数字多在填写单、证、账册及记录计算结果时使用。阿拉伯数字的写法如下：

0，1，2，3，4，5，6，7，8，9。

下面介绍阿拉伯数字的书写规则。

(1) 先上后下、先左后右、向右上方倾斜，数值与底线约成 60° 夹角，数字要紧贴底线书写，但不能顶格写，一般占到格高的 1/2 至 2/3 左右。不能潦草，不能似是而非，不能连笔，要一个一个地写。除 4 和 5 外，其他数字均要一笔写成，有圆的必须封口。

(2) 阿拉伯数字前面应当书写货币币种符号或者货币名称简写和币种符号，如人民币符号"￥"。币种符号与阿拉伯数字之间不得留有空白。阿拉伯数字前写有币种符号的，阿拉伯数字后面不再写货币单位。

(3) 一组数字书写时，字形要一致，字距要等同，左右位置居中，除 7 和 9 可伸入下格的 1/4 外，其余数字均要落笔于底线上。

(4) 所有以元为单位的阿拉伯数字，除表示单价等情况外，一律填写到角分；无角无分的，角位和分位可写"00"，或用符号"—"；有角无分的，分位应当写"0"，不得用符号"—"代替。

(5) 为了方便看数，整数部分从个位起向左每隔三位用一分节符"，"分开，个位和拾分位之间的数字下面应标明小数点"．"。如人民币陆万贰仟贰佰叁拾叁元伍角整，小写为：￥62,233.50。

(6) 写错数字需要改正时，要用红笔将整个数字从中划一单红线，以示注销，再用蓝黑墨水或碳素墨水的钢笔在数字的正上方写上正确的数字，并在旁边加盖经办人私章，以明确责任。如将金额数字 7,612.75 误写成 3,612.75，正确的更正方法如下：

7，612.75 | 私章 |

~~3，612.75~~

在会计核算中，票据和结算凭证的金额应以中文大写和阿拉伯数字同时记录，两者必须一致。两者不一致的票据无效，两者不一致的结算凭证银行不予受理。

二、文字书写规范

文字书写应避免潦草、字形失态。此处先说明会计核算中的文字书写，再简单介绍摘要和会计科目应如何正确书写。

会计核算中，文字书写规范主要从以下三个方面来把握：

(1) 字体。为了保持账务处理的整洁、美观、易于辨认，一般选用扁魏体、正楷体、行书体中的一种为佳。

(2) 字形。在会计核算中，字形基本上要符合平衡、布局均匀、参差有变的要求。

(3) 字位。字位就是指每个字在凭证、账页、表册每行格中的位置。根据会计核算的实际需要和记账规则，在账务处理中发生差错需要更正时，要用划线更正法。若文字书写过大，则更改时便没有位置；若文字书写过小，则又难以辨认。所以，通常汉字占格高的 1/2 左右为佳，并落笔在底线上。

摘要和会计科目的书写规范如下：

摘要中的文字既要少而精，又要准确表达经济业务的基本内容；会计科目中的文字要符合会计制度的规定。书写会计科目名称或书写会计科目名称和编号时，不能只写会计科目编号不写会计科目名称。总账科目要写全称，不能简写；明细科目书写要精简。

第二节　会计凭证的填制及审核

一、原始凭证的填制及审核

按照《中华人民共和国会计法》规定：各单位发生的下列事项，应当及时办理会计手续，进行会计核算，必须填制或者取得原始凭证并及时送交会计机构。

(1) 款项和有价证券的收付；

(2) 财物的收发、增减和使用；

(3) 债权债务的发生和结算；

(4) 资本、基金的增减；

(5) 收入、支出、费用、成本的计算；

(6) 财务成果的计算和处理；

(7) 需要办理会计手续、进行会计核算的其他事项。

会计机构、会计人员必须按照国家统一的会计制度的规定对原始凭证进行审核，对不真实、不合法的原始凭证有权不予接受，并向单位负责人报告；对记载不准确、不完整的原始凭证予以退回，并要求按照国家统一的会计制度的规定更正、补充。

原始凭证记载的各项内容均不得涂改；原始凭证有错误的，应当由出具单位重开或者更正，更正处应当加盖出具单位印章。原始凭证金额有错误的，应当由出具单位重开，不得在原始凭证上更正。

（一）原始凭证的填制

根据《会计基础工作规范》(财会字〔1996〕19 号)，原始凭证填制的基本要求如下：

(1) 原始凭证的内容必须具备：凭证的名称；填制凭证的日期；填制凭证单位名称或者填制人姓名；经办人员的签名或者盖章；接受凭证单位名称；经济业务内容；数量、单价和金额。

(2) 从外单位取得的原始凭证，必须盖有填制单位的公章；从个人取得的原始凭证，必须有填制人员的签名或者盖章。自制原始凭证必须有经办单位领导人或者其指定的人员签名或者盖章。对外开出的原始凭证，必须加盖本单位公章。

(3) 凡填有大写和小写金额的原始凭证，大写与小写金额必须相符。购买实物的原始凭证，必须有验收证明。支付款项的原始凭证，必须有收款单位和收款人的收款证明。

(4) 一式几联的原始凭证，应当注明各联的用途，只能以一联作为报销凭证。

一式几联的发票和收据，必须用双面复写纸 (发票和收据本身具备复写纸功能的除外) 套写，并连续编号。作废时应当加盖"作废"戳记，连同存根一起保存，不得撕毁。

(5) 发生销货退回的，除填制退货发票外，还必须有退货验收证明；退款时，必须取得对方的收款收据或者汇款银行的凭证，不得以退货发票代替收据。

(6) 职工公出借款凭据，必须附在记账凭证之后。收回借款时，应当另开收据或者退还借据副本，不得退还原借款收据。

(7) 经上级有关部门批准的经济业务，应当将批准文件作为原始凭证附件。如果批准文件需要单独归档的，应当在凭证上注明批准机关名称、日期和文件字号。

（二）原始凭证的审核

取得原始凭证时，应根据经济业务进行相应审核，确保其真实性、完整性、有效性。

原始凭证不得涂改、挖补。发现原始凭证有错误的，应当由开出单位重开或者更正，更正处应当加盖开出单位的公章。

二、记账凭证的填制及审核

按照《中华人民共和国会计法》第十四条规定，会计凭证包括原始凭证和记账凭证。其中记账凭证应当根据经过审核的原始凭证及有关资料编制。《会计基础工作规范》（财会字〔1996〕19号）第三章会计核算第二节填制会计凭证中，从第五十条到第五十一条对记账凭证做了较为细致的规定。其中规定会计机构、会计人员要根据审核无误的原始凭证填制记账凭证。同时规定记账凭证可以分为收款凭证、付款凭证和转账凭证，也可以使用通用记账凭证。

（一）记账凭证的填制

记账凭证填制的基本要求如下：

(1) 记账凭证的内容必须具备：填制凭证的日期；凭证编号；经济业务摘要；会计科目；金额；所附原始凭证张数；填制凭证人员、稽核人员、记账人员、会计机构负责人、会计主管人员签名或者盖章。收款和付款记账凭证还应当由出纳人员签名或者盖章。

以自制的原始凭证或者原始凭证汇总表代替记账凭证的，也必须具备记账凭证应有的项目。

(2) 填制记账凭证时，应当对记账凭证进行连续编号。一笔经济业务需要填制两张以上记账凭证的，可以采用分数编号法编号。

(3) 记账凭证可以根据每一张原始凭证填制，或者根据若干张同类原始凭证汇总填制，也可以根据原始凭证汇总表填制。但不得将不同内容和类别的原始凭证汇总填制在一张记账凭证上。

(4) 除结账和更正错误的记账凭证可以不附原始凭证外，其他记账凭证必须附有原始凭证。如果一张原始凭证涉及几张记账凭证，可以把原始凭证附在一张主要的记账凭证后面，并在其他记账凭证上注明附有该原始凭证的记账凭证的编号或者附原始凭证复印件。

一张原始凭证所列支出需要几个单位共同负担的，应当将其他单位负担的部分，开给对方原始凭证分割单，进行结算。原始凭证分割单必须具备原始凭证的基本内容：凭证名称、填制凭证日期、填制凭证单位名称或者填制人姓名、经办人的签名或者盖章、接受凭证单位名称、经济业务内容、数量、单价、金额和费用分摊情况等。

(5) 记账凭证填制完经济业务事项后，如有空行，应当自金额栏最后一笔金额数字下的空行处至合计数上的空行处划线注销。

记账凭证填制示例见图2-1。

XXXX股份有限公司

记 账 凭 证

2021年12月12日

总号 _____

分号 _____

摘 要	总账科目	明细科目	借方金额	贷方金额	借方金额									贷方金额								
					千	百	十	万	千	佰	拾	元	角	分	千	百	十	万	千	佰	拾	元	角	分
收回应收账款	银行存款	工商银行	500,000.00			5	0	0	0	0	0	0	0										
收回应收账款	应收账款	A股份有限公司		500,000.00												5	0	0	0	0	0	0	0
合 计			500000.00	500000.00	¥	5	0	0	0	0	0	0	0			¥	5	0	0	0	0	0	0	0

附凭证 1 张

会计主管：刘丽　　　　记账：王静　　　稽核：朱兰　　　制单：谢晴

图2-1 记账凭证填制示例

（二）记账凭证的审核

记账凭证的审核应根据经济业务进行，具体审核所填内容是否与经济业务相符合、金额是否正确、书写是否规范等。

如果在填制记账凭证时发生错误，则应当重新填制。

已经登记入账的记账凭证，在当年内发现填写错误时，可以用红字填写一张与原内容相同的记账凭证，在摘要栏注明"注销某月某日某号凭证"字样，同时再用蓝字重新填制一张正确的记账凭证，注明"订正某月某日某号凭证"字样。如果会计科目没有错误，只是金额错误，也可以将正确数字与错误数字之间的差额，另编一张调整的记账凭证，调增金额用蓝字，调减金额用红字。发现以前年度记账凭证有错误的，应当用蓝字填制一张更正的记账凭证。

第三节　会计报表的编制

一、科目汇总表的编制

科目汇总表即记账凭证汇总表，是依据经济业务数量多少，按照旬或月定期对全部记账凭证按照各个会计科目借、贷方各自发生额分别列示的一种汇总凭证。根据借贷记账法原理，科目汇总表列示的各个会计科目的借方发生额合计等于贷方发生额合计。所以，科目汇总表具有试算平衡的作用。

二、会计账簿的编制

（一）启用账簿的要求

(1) 启用会计账簿时，应当在账簿封面上写明单位名称和账簿名称。在账簿扉页上应当附启用表，内容包括：启用日期、账簿页数、记账人员和会计机构负责人、会计主管人员姓名，并加盖名章和单位公章。记账人员或者会计机构负责人、会计主管人员调动工作时，应当注明交接日期、接办人员或者监交人员姓名，并由交接双方人员签名或者盖章。

(2) 启用订本式账簿，应当从第一页到最后一页顺序编定页数，不得跳页、缺号。使用活页式账页，应当按账户顺序编号，并须定期装订成册，装订后再按实际使用的账页顺序编定页码，另加目录，记明每个账户的名称和页次。

（二）登记账簿的基本要求

(1) 登记会计账簿时，应当将会计凭证日期、编号、业务内容摘要、金额和其他有关资料逐项记入账内，做到数字准确、摘要清楚、登记及时、字迹工整。

(2) 登记完毕后，要在记账凭证上签名或者盖章，并注明已经登账的符号，表示已经记账。

(3) 账簿中书写的文字和数字上面要留有适当空格，不要写满格，一般应占格距的二分之一。

(4) 登记账簿要用蓝黑墨水或者碳素墨水书写，不得使用圆珠笔（银行的复写账簿除外）或者铅笔书写。

(5) 下列情况可以用红色墨水记账：

① 按照红字冲账的记账凭证,冲销错误记录;

② 在不设借贷等栏的多栏式账页中,登记减少数;

③ 在三栏式账户的余额栏前,如未印明余额方向的,在余额栏内登记负数余额;

④ 根据国家统一会计制度的规定可以用红字登记的其他会计记录。

(6) 各种账簿按页次顺序连续登记,不得跳行、隔页。如果发生跳行、隔页,应当将空行、空页划线注销,或者注明"此行空白""此页空白"字样,并由记账人员签名或者盖章。

(7) 凡需要结出余额的账户,结出余额后,应当在"借或贷"等栏内写明"借"或者"贷"等字样。没有余额的账户,应当在"借或贷"等栏内写"平"字,并在余额栏内用"Q"表示。

现金日记账和银行存款日记账必须逐日结出余额。

(8) 每一账页登记完毕结转下页时,应当结出本页合计数及余额,写在本页最后一行和下页第一行有关栏内,并在摘要栏内注明"过次页"和"承前页"字样;也可以将本页合计数及金额只写在下页第一行有关栏内,并在摘要栏内注明"承前页"字样。

对需要结计本月发生额的账户,结计"过次页"的本页合计数应当为自本月初起至本页末止的发生额合计数;对需要结计本年累计发生额的账户,结计"过次页"的本页合计数应当为自本年初起至本页末止的累计数;对既不需要结计本月发生额也不需要结计本年累计发生额的账户,可以只将每页末的余额结转次页。

(9) 账簿记录发生错误,不准涂改、挖补、刮擦或者用药水消除字迹,不准重新抄写,必须按照下列方法进行更正:

① 登记账簿时发生错误,应当将错误的文字或者数字划红线注销,但必须使原有字迹仍可辨认;然后在划线上方填写正确的文字或者数字,并由记账人员在更正处盖章。对于错误的数字,应当全部划红线更正,不得只更正其中的错误数字。对于错误的文字,可只划去错误的部分。

② 由于记账凭证错误而使账簿记录发生错误,应当按更正的记账凭证登记账簿。

(10) 应当定期对会计账簿记录的有关数字与库存实物、货币资金、有价证券、往来单位或者个人等进行相互核对,保证账证相符、账账相符、账实相符。对账工作每年至少进行一次。

① 账证核对。核对会计账簿记录与原始凭证、记账凭证的时间、凭证字号、内容、金额是否一致,记账方向是否相符。

② 账账核对。核对不同会计账簿之间的账簿记录是否相符,包括:总账有关账户的余额核对,总账与明细账核对,总账与日记账核对,会计部门的财产物资明细账与财产物资保管和使用部门的有关明细账核对等。

③ 账实核对。核对会计账簿记录与财产等实有数额是否相符,包括:现金日记账账面余额与现金实际库存数相核对,银行存款

日记账账面余额定期与银行对账单相核对，各种财物明细账账面余额与财物实存数额相核对，各种应收、应付款明细账账面余额与有关债务、债权单位或者个人核对等。

(11) 应当按照规定定期结账。

① 结账前，必须将本期内所发生的各项经济业务全部登记入账。

② 结账时，应当结出每个账户的期末余额。需要结出当月发生额的，应当在摘要栏内注明"本月合计"字样，并在下面通栏划单红线。需要结出本年累计发生额的，应当在摘要栏内注明"本年累计"字样，并在下面通栏划单红线。12月末的"本年累计"就是全年累计发生额。全年累计发生额下面应当通栏划双红线。年度终了结账时，所有总账账户都应当结出全年发生额和年末余额。

③ 年度终了，要把各账户的余额结转到下一会计年度，并在摘要栏注明"结转下年"字样；在下一会计年度新建有关会计账簿的第一行余额栏内填写上年结转的余额，并在摘要栏注明"上年结转"字样。

（三）会计账簿填制示例

(1) 库存现金日记账填制示例见图2-2。

现 金 日 记 账

2021年		凭证号	对方科目	摘　要	借　方 (收入)	贷　方 (支出)	余　　额										
月	日						十亿	千	百	十万	千	百	十元	元	角	分
1	1			上年结转							9	0	0	0	0	0	0
1	1	A1	银行存款	提备用金	2,000.00						9	2	0	0	0	0	0
1	1	A3	库存现金	车辆费		1,000.00					9	1	0	0	0	0	0
				本月合计							9	1	0	0	0	0	0
				本年累计							9	1	0	0	0	0	0

图 2-2　库存现金日记账填制示例

(2) 银行存款日记账填制示例见图 2-3。

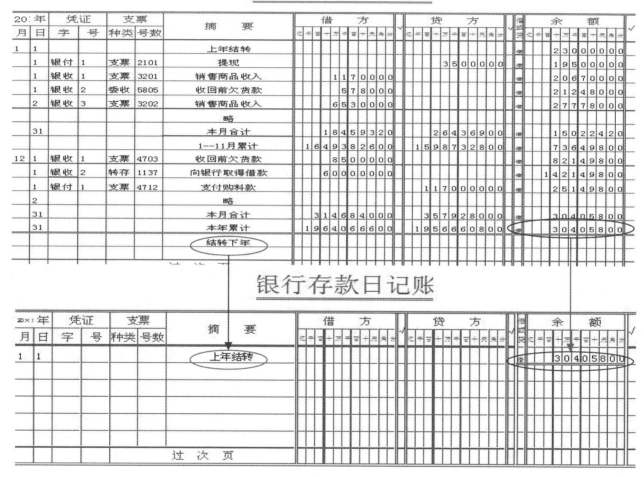

图 2-3　银行存款日记账填制示例

(3) 三栏式明细账填制示例见图 2-4。

总页号　　　分页号

应收账款明细账

一级科目　应收账款
子目或户名　A股份有限公司

2022年		凭证		摘要	借方									核对	贷方									核对	借或贷	余额									核对
月	日	种类	号数		亿	千	百	万	千	百	十	元	角	分		亿	千	百	万	千	百	十	元	角	分			亿	千	百	万	千	百	十	元	角	分	
1	1			上年结转																							借		5	0	0	0	0	0	0	0	
1	2	记	10	收回A股份有限公司2021年12月6日货款															3	0	0	0	0	0	0	借			2	0	0	0	0	0	0	
				本月合计															3	0	0	0	0	0	0	借			2	0	0	0	0	0	0	

图 2-4　三栏式明细账填制示例

(4) 总账填制示例见图 2-5。

总　　　账

分第_____页总第_____页

会计科目编号　__2202__

会计科目名称　__应付账款__

2022年度

2022年 月	日	汇总凭证 种类	号数	摘要	借方金额 亿千百十万千百十元角分	√	贷方金额 亿千百十万千百十元角分	√	借或贷	余额 亿千百十万千百十元角分	√
1	1			上年结转					贷	2 0 0 0 0 0 0 0 0	
1	31	汇	1	1-31日发生额	1 5 0 0 0 0 0 0 0		3 0 0 0 0 0 0 0 0		贷	3 5 0 0 0 0 0 0 0	
1	31			本月合计	1 5 0 0 0 0 0 0 0		3 0 0 0 0 0 0 0 0		贷	3 5 0 0 0 0 0 0 0	

图 2-5　总账填制示例

三、财务报告的编制

编制财务报告的总体要求如下：

(1) 必须按照国家统一会计制度的规定，定期编制财务报告。财务报告包括会计报表及其说明。会计报表包括会计报表主表、会计报表附表、会计报表附注。

(2) 对外报送的财务报告应当根据国家统一会计制度规定的格式和要求编制。单位内部使用的财务报告，其格式和要求由各单位自行规定。

(3) 会计报表应当根据登记完整、核对无误的会计账簿记录和其他有关资料编制，做到数字真实、计算准确、内容完整、说明清楚。任何人不得篡改或者授意、指使、强令他人篡改会计报表的有关数字。

(4) 会计报表之间、会计报表各项目之间，凡有对应关系的数字，应当相互一致。本期会计报表与上期会计报表之间有关的数字应当相互衔接。如果不同会计年度会计报表中各项目的内容和核算方法有变更的，应当在年度会计报表中加以说明。

(5) 应当按照国家统一会计制度的规定认真编写会计报表附注及其说明，做到项目齐全、内容完整。

(6) 应当按照国家规定的期限对外报送财务报告。对外报送的财务报告，应当依次编写页码，加具封面，装订成册，加盖公章。封面上应当注明：单位名称，单位地址，财务报告所属年度、季度、月度，送出日期，并由单位领导人、总会计师、会计机构负责人、会计主管人员签名或者盖章。单位领导人对财务报告的合法性、真实性负法律责任。

(7) 根据法律和国家有关规定应当对财务报告进行审计的，财务报告编制单位应当先行委托注册会计师进行审计，并将注册会计师出具的审计报告随同财务报告按照规定的期限报送有关部门。

（一）资产负债表

资产负债表是反映企业在某一特定日期财务状况的会计报表。它反映企业在某一特定日期所拥有或控制的经济资源、所承担的现时义务和所有者对净资产的要求权。在我国，资产负债表采用账户式结构。

资产负债表示例见表 2-1。

表2-1 资产负债表

资 产	期末余额	年初余额	负债和所有者权益 (或股东权益)	期末余额	年初余额
流动资产:			流动负债:		
货币资金			短期借款		
交易性金融资产			交易性金融负债		
短期投资					
应收票据			应付票据		
应收账款			应付账款		
预付款项			预收款项		
应收利息			应付职工薪酬		
应收股利			应交税费		
其他应收款			应付利息		
存货			应付股利		
一年内到期的非流动资产			其他应付款		
其他流动资产			一年内到期的非流动负债		
流动资产合计			其他流动负债		
非流动资产:			流动负债合计		

下面介绍资产负债表 "期末余额" 栏的填列方法。

(1) 根据总账科目余额填列。

(2) 根据明细账科目的余额计算填列。

① "开发支出" 项目,应根据 "研发支出" 科目中所属的 "资本化支出" 明细科目期末余额填列;

② 应付账款 = 应付账款所属明细科目贷方余额 + 预付账款所属明细科目贷方余额;

③ 预付款项 = 应付账款所属明细科目借方余额 + 预付账款所属明细科目借方余额;

④ 应收账款 = 应收账款所属明细科目借方余额 + 预收账款所属明细科目借方余额 − 与应收账款有关的坏账准备贷方余额;

⑤ 预收款项 = 应收账款所属明细科目贷方余额 + 预收账款所属明细科目贷方余额;

⑥ "应付职工薪酬"项目，应根据"应付职工薪酬"科目的明细科目期末余额分析填列；

⑦ "应交税费"项目，应根据"应交税费"科目的明细科目余额分析填列。

(3) 根据总账科目和明细账科目余额分析计算填列。

① "长期借款"项目，应根据长期借款余额扣除一年内到期长期借款填制。

② "长期应收款"项目，应根据长期应收款余额减去未实现融资收益余额，再减去所属相关明细科目中将于一年内到期的部分填列。

③ "长期应付款"项目，应根据长期应付款余额减去未确认融资费用余额，再减去所属相关明细科目中将于一年内到期的部分填列。

(4) 根据有关科目余额减去其备抵科目余额后的净额填列。

① "持有待售资产""债权投资""长期股权投资""在建工程""商誉"等项目，应根据相关科目的期末余额减去相应减值准备后的余额填列；

② "固定资产"项目，应根据"固定资产"科目期末余额减去"累计折旧""固定资产减值准备"科目余额后的净额填列；

③ "无形资产"项目，应根据"无形资产"科目期末余额减去"累计摊销""无形资产减值准备"科目余额后的净额填列。

(5) 综合运用上述填列方法分析填列。

① "合同资产"和"合同负债"项目，应根据"合同资产"科目和"合同负债"科目的明细科目期末余额分析填列，同一合同下的合同资产和合同负债应当以净额列示，其中：

净额为借方余额的，应当根据其流动性在"合同资产"或"其他非流动资产"项目中填列，已计提减值准备的，还应减去"合同资产减值准备"科目中相应的期末余额后的金额填列；

净额为贷方余额的，应当根据其流动性在"合同负债"或"其他非流动负债"项目中填列。

② "存货"项目，应根据"材料采购""原材料""发出商品""库存商品""周转材料""委托加工物资""生产成本""受托代销商品"等科目的期末余额及"合同履约成本"科目的明细科目中初始确认时摊销期限不超过一年或一个正常营业周期的期末余额合计，减去"受托代销商品款""存货跌价准备"科目期末余额及"合同履约成本减值准备"科目后的金额填列，材料采用计划成本核算，以及库存商品采用计划成本核算或售价核算的企业，还应按加或减材料成本差异、商品进销差价后的金额填列。

（二）利润表

利润表是反映企业在一定会计期间经营成果的会计报表。常见的利润表结构主要有单步式和多步式两种。在我国，企业利润表采用的基本上是多步式结构。

利润表示例见表2-2。

表2-2 利 润 表

项 目	本期金额	上期金额
一、营业收入＝主营业务收入＋其他业务收入		
减：营业成本		
税金及附加		
销售费用		
管理费用		
财务费用		
资产减值损失		
加：公允价值变动收益（损失以"－"号填列）		
净敞口套期收益（损失以"－"号填列）		
投资收益（损失以"－"号填列）		
其中：对联营企业和合营企业的投资收益		
资产处置收益（损失以"－"号填列）		
其他收益		
二、营业利润（亏损以"－"号填列）		
加：营业外收入		
减：营业外支出		
三、利润总额（亏损总额以"－"号填列）		
减：所得税费用		
四、净利润（净亏损以"－"号填列）		
（一）持续经营净利润（净亏损以"－"号填列）		

项　　目	本期金额	上期金额
（二）终止经营净利润（净亏损以"－"号填列）		
五、其他综合收益的税后净额		
六、综合收益总额		
七、每股收益		
（一）基本每股收益		
（二）稀释每股收益		

下面介绍利润表的填制依据。

(1) 营业收入 = 主营业务收入 + 其他业务收入；

(2) 营业成本 = 主营业务成本 + 其他业务成本；

(3) 税金及附加 = 借方发生额 － 贷方发生额；

(4) 销售费用 = 借方发生额 － 贷方发生额；

(5) 管理费用 = 借方发生额 － 贷方发生额；

(6) 财务费用 = 借方发生额 － 贷方发生额；

(7) 资产减值损失 = 借方发生额 － 贷方发生额；

(8) 公允价值变动收益 = 贷方发生额（收益）－ 借方发生额（损失）；

(9) 投资收益 = 贷方发生额（收益）－ 借方发生额（损失）。

（三）现金流量表

现金流量表是反映企业在一定会计期间现金和现金等价物流入和流出的报表。现金流量表在结构上将企业一定期间产生的现金流量分为以下三类：

(1) 经营活动产生的现金流量；

(2) 投资活动产生的现金流量；

(3) 筹资活动产生的现金流量。

现金流量表示例见表2-3。

表 2-3　现 金 流 量 表

项　　目	本期金额	上期金额（略）
一、经营活动产生的现金流量：		
1. 销售商品、提供劳务收到的现金		
2. 收到的税费返还		
3. 收到其他与经营活动有关的现金		
经营活动现金流入小计		
4. 购买商品、接受劳务支付的现金		
5. 支付给职工以及为职工支付的现金		
6. 支付的各项税费		
7. 支付其他与经营活动有关的现金		
经营活动现金流出小计		
经营活动产生的现金流量净额		
二、投资活动产生的现金流量：		
1. 收回投资收到的现金		
2. 取得投资收益收到的现金		
3. 处置固定资产、无形资产和其他长期资产收回的现金净额		
4. 处置子公司及其他营业单位收到的现金净额		
5. 收到其他与投资活动有关的现金		
投资活动现金流入小计		
6. 购建固定资产、无形资产和其他长期资产支付的现金		
7. 投资支付的现金		
8. 取得子公司及其他营业单位支付的现金净额		
9. 支付其他与投资活动有关的现金		
投资活动现金流出小计		
投资活动产生的现金流量净额		

综合实训内容

本实训的创新之处如下：

(1) 融合了商贸和工业企业的日常业务全流程的处理过程，加入了报税业务，弥补了现有市场上基础会计实训原始单据方面业务的不足。

(2) 详尽地展示了一个企业月初需要集中处理的业务，月末需要集中处理的业务，月中从采购到生产到产成品到销售的整个业务流程，弥补了现有市场业务流程不完整的不足。

(3) 指出了现实工作中每笔业务的实战业务流程，相关原始单据翔实，手续、内部流程完善、健全，签字审批手续齐备，让学完本书的人明确知道自己该做什么，以及该怎么做，填补了现有市场基础实训书籍的空白。

(4) 将相关联的业务编制在一起，展现了业务处理的连续性。

注：实训中的人名、企业名、电话、账号、身份证号等均为虚拟信息，如有雷同，请勿对号入座。

第一节　模拟企业简介

一、金望公司基础资料

金望公司是一家工业制造企业，具体信息如下：

公司地址：四川省成都市青羊区中山路 100 号　　　　电话：028-26888888

开户银行：成都市工商银行青羊支行　　　　　　　　账号：280102220002952

开户银行：成都市工商银行青羊支行 (工会经费账号)　账号：260102220002752

公司为增值税一般纳税人，税务登记号：330805222065288

法定代表人：刘金飞　　　　总经理：刘金飞　　　　　　总经办：谢译

财务主管：李清　　　　　　会计：赵鸢　　　　　　　　出纳：孙惠

人事主管：周宜

仓储经理：吴宁　　　　　　仓库管理员：王君

车间主管：郑绵　　　　　　技术工人：梁月

销售总监：冯昌　　　　　　销售人员：陈琼莹

采购人员：张英

住房公积金中心：四川省成都市住房公积金中心　　　　账号：6645633355568782

员工具体信息见表3-1。

表 3-1　员 工 信 息 表

序号	部门	岗位	姓名	开户行	银行账号	身份证号
1	总经办	总经理	刘金飞	中国建设银行青羊支行	621587654301520001	110221198201112001
		总经办	谢译	中国建设银行青羊支行	621587654301520002	110221198105213002
2	财务部	财务主管	李清	中国建设银行青羊支行	621587654301520003	110221197906305003
		会计	赵鸢	中国建设银行青羊支行	621587654302520001	511112199005216001
		出纳	孙惠	中国建设银行青羊支行	621587654302520002	511112197006112002
3	人事部	人事主管	周宜	中国建设银行青羊支行	621587654302520003	511112198004213003
4	后勤部	采购人员	张英	中国建设银行青羊支行	621587654302520004	440303198205252001
		仓储经理	吴宁	中国建设银行青羊支行	621587654303520001	440303198302213002
		仓库管理员	王君	中国建设银行青羊支行	621587654303520002	440303198403262003
5	生产部	车间主管	郑绵	中国建设银行青羊支行	621587654303520003	510104198501211004
		技术工人	梁月	中国建设银行青羊支行	621587654304520001	510104198805113001
6	销售部	销售总监	冯昌	中国建设银行青羊支行	621587654304520002	510103198902212002
		销售人员	陈琼莹	中国建设银行青羊支行	621587654304520003	510102198007272003

二、往来客商相关信息

1. 成都机械设备有限公司

公司地址：四川省成都市金牛区黄忠路 102 号   电话：028-17886888

开户银行：成都市工商银行黄忠支行   账号：260102220002850

公司为增值税一般纳税人，税务登记号：32070522065260

2. 四川永丰科技有限公司

公司地址：四川省成都市青羊区景江路 106 号   电话：028-18886988

开户银行：成都市建设银行景江支行   账号：360102220002860

公司为增值税一般纳税人，税务登记号：32080522066266

3. 四川文创用品有限公司

公司地址：四川省成都市双流金钟路 108 号   电话：028-16886986

开户银行：成都市建设银行双流支行   账号：360302220703861

公司为增值税一般纳税人，税务登记号：33060822666268

4. 南山公司

公司地址：四川省成都市温江福临路 106 号   电话：028-36826988

开户银行：成都市建设银行温江支行   账号：370302320703868

公司为增值税一般纳税人，税务登记号：33192822666265

5. 四川平之股份有限公司

公司地址：四川省成都市郫都区幸福路 99 号   电话：028-39826783

开户银行：成都市建设银行郫都支行   账号：380305320605857

公司为增值税一般纳税人，税务登记号：355938252686367

三、会计核算相关事项

(1) 账务处理程序：采用科目汇总表账务处理程序，其流程如图 1-1 所示。第一章有详细讲述，在此不再重复。

(2) 适用税率：企业所得税 25%，增值税 13%，城市维护建设税 7%，教育费附加 3%，地方教育附加 2%。

(3) 成本核算：原材料、库存商品按照实际成本计价核算，外购材料的运杂费按重量比例分配，月末资产费用按生产工人人工工时比例分配，发出材料成本按照先进先出法进行计价。

(4) 利润分配：按净利润的 10% 提取法定盈余公积金，按净利润的 30% 向投资者分配利润，按净利润的 10% 提取任意盈余公积金。

(5) 工资核算时，为简化税务核算，不考虑前期及相关扣除，本期个人所得税税前均按照 5000 元扣除。

第二节　模拟企业期初资料

模拟企业 12 月期初余额如表 3-2 所示。

表 3-2　12 月期初余额

科目名称	余额方向	期初余额
库存现金	借	8000
银行存款	借	1 500 000
交易性金融资产	借	
应收票据	借	
应收账款	借	500 000
其他应收款	借	
坏账准备	贷	
预付账款	借	
库存商品	借	0
原材料	借	0
固定资产——厂房	借	168 000 000
累计折旧	贷	84 000 000
无形资产——土地使用权	借	120 000 000
累计摊销	贷	60 000 000
长期待摊费用	借	

科目名称	余额方向	期初余额
应付职工薪酬——工资	贷	195 000
——社保	贷	58 500
——住房公积金	贷	23 400
——工会经费	贷	3900
——职工教育经费	贷	15 600
应付账款	贷	
预收账款	贷	
应交税费——未交增值税	贷	200 000
——应交所得税	贷	0
——应交城市维护建设税	贷	14 000
——应交教育费附加	贷	6000
——应交地方教育附加	贷	4000
——应交消费税	贷	999 700
——应交个人所得税	贷	
其他应付款	贷	
长期借款	贷	9 600 000
实收资本(或股本)	贷	105 000 000
资本公积	贷	
资本(或股本)溢价	贷	
其他资本公积	贷	
盈余公积——法定盈余公积	贷	
——任意盈余公积	贷	
利润分配	贷	
未分配利润	贷	29 887 900

第三节　本期经济业务及实训具体要求

一、金望公司 11 月业务

11 月业务说明：11 月业务只集中了一个企业月末的日常计提业务，方便与 12 月月初的缴纳业务形成一个完整闭合的会计循环，因此 11 月业务只要求做业务处理，不要求编制报表。11 月的期末余额即 12 月的期初余额。

金望公司 2021 年 11 月 30 日集中发生如下日常业务：

【业务 1】计提 11 月份工资。根据当月考勤记录如下：管理部门工资 98 000 元；生产部 A 产品工人工资 6000 元，B 产品工人工资 6000 元，车间主管工资 16 000 元；后勤部工资 36 000 元；销售部工资 28 000 元。

(1) 实训原始单据：工资明细表。

(2) 实训业务流程：

① 人事部、生产部提交考勤记录表。② 人事部提交工资分配表。③ 财务人员根据原始单据做账。

(3) 实训要求：

① 审核原始凭证，编制记账凭证。② 登记明细账。

【业务 2】按应发工资计提 11 月社保。

(1) 实训原始单据：社保费计提表。

(2) 实训业务流程：

① 计算缴纳社保。② 填列计提表。

(3) 实训要求：

① 审核原始凭证，编制记账凭证。② 登记明细账。

【业务 3】按应发工资计提 11 月住房公积金。

(1) 实训原始单据：公积金计提表。

(2) 实训业务流程：

① 计算公积金。② 填列计提表。

(3) 实训要求：

① 审核原始凭证，编制记账凭证。② 登记明细账。

【业务 4】 按应发工资总额的 2% 计提 11 月份的工会经费。

(1) 实训原始单据：工会经费计提表。

(2) 实训业务流程：

① 计算工会经费。② 填列计提表。

(3) 实训要求：

① 审核原始凭证，编制记账凭证。② 登记明细账。

【业务 5】 按应发工资总额的 8% 计提 11 月份的职工教育经费。

(1) 实训原始单据：职工教育经费计提表。

(2) 实训业务流程：

① 计算职工教育经费。② 填列计提表。

(3) 实训要求：

① 审核原始凭证，编制记账凭证。② 登记明细账。

【业务 6】 结转 11 月份未交增值税 200 000 元。

(1) 实训原始单据：未交增值税结转表。

(2) 实训业务流程：

① 计算税金。② 填列结转表。

(3) 实训要求：

① 审核原始凭证，编制记账凭证。② 登记明细账。

【业务 7】 计提 11 月份城市维护建设税 7%、教育费附加 3%、地方教育附加 2%。

(1) 实训原始单据：城市维护建设税、教育费附加、地方教育附加计提表。

(2) 实训业务流程：

① 计算税金。② 填列计提表。

(3) 实训要求：

① 审核原始凭证，编制记账凭证。② 登记明细账。

【业务 8】 计提本月管理部门固定资产折旧 100 000 元，生产部固定资产折旧 300 000 元，销售部固定资产折旧 300 000 元。

(1) 实训原始单据：累计折旧计算表、固定资产折旧分配表。

(2) 实训业务流程：

① 计提固定资产折旧。② 财务主管审核。③ 财务人员根据原始单据做账。

(3) 实训要求：

① 审核原始凭证，编制记账凭证。② 登记明细账。

【业务 9】 计提本月管理部门无形资产摊销 100 000 元，生产部无形资产摊销 200 000 元，销售部无形资产摊销 200 000 元。

(1) 实训原始单据：累计摊销计算表、无形资产摊销分配表。

(2) 实训业务流程：

① 计提无形资产摊销。② 财务主管审核。③ 财务人员根据原始单据做账。

(3) 实训要求：

① 审核原始凭证，编制记账凭证。② 登记明细账。

【业务 10】 11 月 30 日，兼营酒业务如下：生产果木酒 100 吨全部用于销售，当月取得商场含税销售额 480 万元，同时向商场收取品牌使用费 20 万元；当月销售自产粮食白酒 5 吨，不含税销售价款 60 万元。

(1) 实训原始单据：销售发票、税费计提表。

(2) 实训业务流程：

① 计算税金。② 填列计提表。

(3) 实训要求：

① 审核原始凭证，编制记账凭证。② 登记明细账。

【业务 11】 11 月 30 日，兼营烟业务如下：卷烟批发企业甲批发销售卷烟 500 箱，其中批发给另一卷烟批发企业 300 箱、零售专卖店 150 箱、个体烟摊 50 箱。每箱不含税批发价格为 13 000 元。

(1) 实训原始单据：销售发票、税费计提表。

(2) 实训业务流程：

① 计算税金。② 填列计提表。

(3) 实训要求：

① 审核原始凭证，编制记账凭证。② 登记明细账。

二、金望公司 12 月业务

金望公司 2021 年 12 月发生如下业务：

【业务 1】 12 月 1 日，提取备用金 20 000 元，以备日常支出。

(1) 实训原始单据：提现申请单、现金支票。

(2) 实训业务流程：

① 出纳填写提现申请单、现金支票。② 签章 (财务专用章和法人专用章)。③ 财务主管签字审批。④ 出纳银行取款。

(3) 实训要求：

① 审核原始凭证，编制记账凭证。② 登记现金日记账、银行存款日记账。

【业务 2】 12 月 5 日发放 11 月份工资。

(1) 实训原始单据：工资发放明细表、银行回单。

(2) 实训业务流程：

① 人事制作工资表。② 会计复核。③ 相关领导签字审批。④ 财务发放工资。

(3) 实训要求：

① 审核原始凭证，编制记账凭证。② 登记明细账、银行存款日记账。

【业务 3】 12 月 5 日缴纳上月的增值税 200 000 元。

(1) 实训原始单据：电子缴税申请单、未交增值税结转表、银行扣税回单。

(2) 实训业务流程：

① 申请缴税。② 网上申报。③ 扣税成功回执。

(3) 实训要求：

① 审核原始凭证，编制记账凭证。② 登记明细账。

【业务 4】 12 月 5 日缴纳上月城市维护建设税 7%、教育费附加 3%、地方教育附加 2%。

(1) 实训原始单据：城市维护建设税、教育费附加、地方教育附加表，电子缴税申请单和银行扣税回单。

(2) 实训业务流程：

① 申请缴税。② 网上申报。③ 扣税成功回执。

(3) 实训要求：

① 审核原始凭证，编制记账凭证。② 登记明细账。

【业务 5】12 月 5 日代扣代缴上月的个人所得税。

(1) 实训原始单据：个人所得税缴税申请单、银行扣税回单。

(2) 实训业务流程：

① 申请缴税。② 网上申报。③ 扣税成功回执。

(3) 实训要求：

① 审核原始凭证，编制记账凭证。② 登记明细账。

【业务 6】12 月 5 日缴纳 11 月计提社保。

(1) 实训原始单据：社保缴纳申请单、社保费计提表、银行扣税回单。

(2) 实训业务流程：

① 申请缴纳社保。② 网上申报。③ 扣税成功回执。

(3) 实训要求：

① 审核原始凭证，编制记账凭证。② 登记明细账。

【业务 7】12 月 5 日缴纳 11 月份住房公积金。

(1) 实训原始单据：住房公积金缴纳申请单、公积金计提表、住房公积金扣缴回单。

(2) 实训业务流程：

① 申请缴纳公积金。② 网上申报。③ 扣缴成功回执。

(3) 实训要求：

① 审核原始凭证，编制记账凭证。② 登记明细账。

【业务 8】12 月 5 日按应发工资总额的 2% 缴纳上月计提的工会经费，按应发工资总额的 8% 缴纳职工教育经费。

(1) 实训原始单据：工会经费缴纳申请单、职工教育经费缴纳申请单、工会经费扣缴回单、职工教育经费扣缴回单。

(2) 实训业务流程：

① 申请缴纳工会经费、职工教育经费。② 网上申报。③ 扣缴成功回执。

(3) 实训要求：

① 审核原始凭证，编制记账凭证。② 登记明细账。

【业务 9】12 月 10 日人事主管周宜借支差旅费 8000 元。

(1) 实训原始单据：借款单。

(2) 实训业务流程：

① 经办人填写借款单。② 会计复核。③ 相关领导签字审批。④ 出纳借款。

(3) 实训要求：

① 审核原始凭证，编制记账凭证。② 登记明细账。

【业务 10】12 月 20 日人事主管周宜报销差旅费：实际用款 4000 元，归还多借款 4000 元。

(1) 实训原始单据：差旅费报销单、出差原始凭证、收据。

(2) 实训业务流程：

① 经办人填写差旅费报销单。② 会计复核。③ 相关领导签字审批。④ 出纳冲账并收回借款。

(3) 实训要求：

① 审核原始凭证，编制记账凭证。② 登记明细账。

【业务 11】12 月 20 日销售人员陈琼莹报销招待费 3000 元。

(1) 实训原始单据：费用报销单、招待费原始凭证。

(2) 实训业务流程：

① 经办人填写费用报销单。② 会计复核。③ 相关领导签字审批。④ 出纳支付现金。

(3) 实训要求：

① 审核原始凭证，编制记账凭证。② 登记明细账。

【业务 12】12 月 20 日总经办谢译报销汽车费 5000 元。

(1) 实训原始单据：汽车费用报销单、汽车费用原始凭证。

(2) 实训业务流程：

① 经办人填写汽车费用报销单。② 会计复核。③ 相关领导签字审批。④ 出纳支付现金。

(3) 实训要求：

① 审核原始凭证，编制记账凭证。② 登记明细账、现金日记账。

【业务 13】12 月 20 日开出转账支票一张，预付 2022 年 1 月到 6 月房租 360 000 元。

(1) 实训原始单据：付款申请单、转账支票。

(2) 实训业务流程：

①经办人填写付款申请单。②会计复核。③相关领导签字审批。④出纳填制转账支票。

(3) 实训要求：

①审核原始凭证，编制记账凭证。②登记明细账。

【业务14】12月20日在成都机械设备有限公司采购固定资产机器设备一台500 000元，分5年按年限平均法折旧。

(1) 实训原始单据：固定资产购置申请表、固定资产验收单、增值税专用发票、付款申请单、转账支票。

(2) 实训业务流程：

①采购人员填写付款申请单，总经办决策审批。②财务主管审批。③总经理审批。④发出采购订单。⑤验收入库。⑥财务人员根据原始单据入账。

(3) 实训要求：

①审核原始凭证，编制记账凭证。②登记明细账。

【业务15】12月20日于四川永丰科技有限公司采购办公软件花费360 000元，分10年按年限平均法摊销。

(1) 实训原始单据：无形资产购置申请表、无形资产验收单、发票、付款申请单、转账支票。

(2) 实训业务流程：

①采购人员填写付款申请单，总经办决策审批。②财务主管审批。③总经理审批。

(3) 实训要求：

①审核原始凭证，编制记账凭证。②登记明细账。

【业务16】12月20日于四川文创用品有限公司采购办公用品20 000元。

(1) 实训原始单据：办公用品采购申请表、办公用品验收入库单、发票、付款申请单、转账支票。

(2) 实训业务流程：

①采购人员填写付款申请单，总经办决策审批。②财务主管审批。③总经理审批。④发出采购订单。⑤验收入库。⑥财务人员根据原始单据入账。

(3) 实训要求：

①审核原始凭证，编制记账凭证。②登记明细账。

【业务17】12月2日采购人员张英向南山公司采购甲原材料4000千克，每千克50元；采购乙原材料2000千克，每千克100元。南山公司开具增值税专用发票。

(1) 实训原始单据：材料采购申请表、材料验收入库单、发票。

(2) 实训业务流程：

① 采购人员填写采购申请表。② 总经理审批。③ 仓库管理员验收入库。④ 财务人员根据原始单据入账。

(3) 实训要求：

① 审核原始凭证，编制记账凭证。② 登记明细账。

【业务 18】 12 月 20 日采购人员张英申请支付原材料采购款。

(1) 实训原始单据：付款申请单、转账支票。

(2) 实训业务流程：

① 采购人员填写付款申请单。② 财务主管审批。③ 总经理审批。④ 财务人员根据原始单据入账。

(3) 实训要求：

① 审核原始凭证，编制记账凭证。② 登记明细账。

【业务 19】 12 月 20 日因生产甲、乙两种产品的需要，生产部梁月申请领用甲材料 2000 千克，乙材料 2000 千克。其中，生产 A 产品耗用甲材料 1000 千克，乙材料 1000 千克；生产 B 产品耗用甲材料 500 千克，乙材料 500 千克；其他均为车间耗用。

(1) 实训原始单据：材料领用申请表、出库单、发出材料汇总表。

(2) 实训业务流程：

① 生产部梁月填写材料领用申请表。② 生产部主管郑绵审批。③ 仓储经理审批。④ 仓库管理员填写出库单和发出材料汇总表。

⑤ 财务人员根据原始单据入账。

(3) 实训要求：

① 审核原始凭证，编制记账凭证。② 登记明细账。

【业务 20】 12 月 31 日，根据当月考勤记录如下：管理部门工资 98 000 元；生产部 A 产品工人工资 6000 元，B 产品工人工资 6000 元，车间主管工资 16 000 元；后勤部工资 36 000 元；销售部工资 28 000 元。

(1) 实训原始单据：工资计提明细表、工资计提汇总表。

(2) 实训业务流程：

① 人事部、生产部提交考勤记录表。② 人事部提交工资分配表。③ 财务人员根据原始单据做账。

(3) 实训要求：

① 审核原始凭证，编制记账凭证。② 登记明细账。

【业务 21】 12 月 31 日计提本月管理部门固定资产折旧 100 000 元，生产部固定资产折旧 300 000 元，销售部固定资产折旧

300 000 元。

(1) 实训原始单据：累计折旧计算表、固定资产折旧分配表。

(2) 实训业务流程：

① 计提固定资产折旧。② 财务主管审核。③ 财务人员根据原始单据做账。

(3) 实训要求：

① 审核原始凭证，编制记账凭证。② 登记明细账。

【业务 22】12 月 31 日计提本月管理部门无形资产摊销 100 000 元，生产部无形资产摊销 200 000 元，销售部无形资产摊销 200 000 元。

(1) 实训原始单据：累计摊销计算表、无形资产摊销分配表。

(2) 实训业务流程：

① 计提无形资产摊销。② 财务主管审核。③ 财务人员根据原始单据做账。

(3) 实训要求：

① 审核原始凭证，编制记账凭证。② 登记明细账。

【业务 23】12 月 31 日分摊本月的水电费。管理部门分摊 30 000 元，销售部分摊 70 000 元，生产部分摊 200 000 元。

(1) 实训原始单据：水电费用分配表。

(2) 实训业务流程：

① 分摊水电费。② 财务主管审核。③ 财务人员根据原始单据做账。

(3) 实训要求：

① 审核原始凭证，编制记账凭证。② 登记明细账。

【业务 24】12 月 31 日分摊本月房租费用。管理部门分摊 4000 元，销售部分摊 6000 元，生产部分摊 10 000 元。

(1) 实训原始单据：房租费用分配表。

(2) 实训业务流程：

① 分摊房租费。② 财务主管审核。③ 财务人员根据原始单据做账。

(3) 实训要求：

① 审核原始凭证，编制记账凭证。② 登记明细账。

【业务 25】12 月 31 日合计该公司耗费制造费用金额。按照生产工时分配制造费用：A 产品生产工时为 10 000 小时，B 产品生产工时为 40 000 小时。

(1) 实训原始单据：制造费用分配表。

(2) 实训业务流程：

① 分摊制造费用。② 财务主管审核。③ 财务人员根据原始单据做账。

(3) 实训要求：

① 审核原始凭证，编制记账凭证。② 登记明细账。

【业务 26】12 月 31 日计算本月完工产品的成本。本月耗费直接材料根据业务 19 计算，直接人工根据工资表计算，制造费用根据业务 25 计算 (为简化核算，假设本月产品全部完工，月初无余额)。

(1) 实训原始单据：完工产品成本计算单、完工产品入库统计表。

(2) 实训业务流程：

① 编制完工产品成本计算单。② 财务主管审核。③ 财务人员根据原始单据做账。

(3) 实训要求：

① 审核原始凭证，编制记账凭证。② 登记明细账。

【业务 27】12 月 31 日计算本月销售给四川平之股份有限公司的商品，具体如下：A 产品 1000 件，每件 3000 元；B 产品 1000 件，每件 5000 元。

(1) 实训原始单据：客户订购单、销售人员销售单、仓库管理员发货单、客户签收单、销售发票、销售产品结转表。

(2) 实训业务流程：

① 客户下订单。② 销售人员根据客户订单编制销售单，销售总监审核，总经理审核。③ 仓库管理员根据审核完的单据发货，仓储经理复核。④ 客户签验收单。⑤ 财务人员复核做账。

(3) 实训要求：

① 审核原始凭证，编制记账凭证。② 登记明细账。

【业务 28】12 月 31 日收到销售人员陈琼莹上月销售货款 500 000 元。

(1) 实训原始单据：银行回单。

(2) 实训业务流程：

① 出纳从银行取回银行回单。② 会计做账务处理。

(3) 实训要求：

① 审核原始凭证，编制记账凭证。② 登记明细账。

【业务 29】12 月 31 日按收回货款的 5% 给予销售人员业绩提成。

(1) 实训原始单据：销售提成申请表、银行回单、个税代扣代缴申请表。

(2) 实训业务流程：

① 销售人员提出提成申请，销售总监复核，人事复核，财务复核，总经理审批。② 会计做账务处理。③ 出纳发放提成。

(3) 实训要求：

① 审核原始凭证，编制记账凭证。② 登记明细账。

【业务 30】12 月 31 日月末盘点原材料，发现甲材料少了 100 千克。

(1) 实训原始单据：盘亏单。

(2) 实训业务流程：

① 财务、仓库管理员盘点库存商品。② 盘点结果提交管理层审核。③ 财务人员审核做账。

(3) 实训要求：

① 审核原始凭证，编制记账凭证。② 登记明细账。

【业务 31】12 月 31 日上述盘亏原材料经核实属于管理不善造成的原材料损失。

(1) 实训原始单据：商品盈亏处理报告。

(2) 实训业务流程：

① 管理层出具盘点结果意见。② 财务人员审核做账。

(3) 实训要求：

① 审核原始凭证，编制记账凭证。② 登记明细账。

【业务 32】12 月 31 日按合同本金计提借款利息金额 160 000 元。

(1) 实训原始单据：利息计提单。

(2) 实训业务流程：

① 合同管理员计提借款利息。② 财务主管审核。③ 财务人员审核做账。

(3) 实训要求：

① 审核原始凭证，编制记账凭证。② 登记明细账。

【业务 33】12 月 31 日计提本月社保费。

(1) 实训原始单据：社保费计提单。

(2) 实训业务流程：

① 编制社保费计提单。② 财务主管审核。③ 总经理审批。④ 财务人员审核做账。

(3) 实训要求：

① 审核原始凭证，编制记账凭证。② 登记明细账。

【业务34】 12 月 31 日计提本月公积金。

(1) 实训原始单据：公积金计提单。

(2) 实训业务流程：

① 编制公积金计提单。② 财务主管审核。③ 总经理审批。④ 财务人员审核做账。

(3) 实训要求：

① 审核原始凭证，编制记账凭证。② 登记明细账。

【业务35】 12 月 31 日按应发工资总额的 2% 计提本月工会经费。

(1) 实训原始单据：工会经费计提表。

(2) 实训业务流程：

① 编制工会经费计提表。② 财务主管审核。③ 总经理审批。④ 财务人员审核做账。

(3) 实训要求：

① 审核原始凭证，编制记账凭证。② 登记明细账。

【业务36】 12 月 31 日计提本月应交的增值税。

(1) 实训原始单据：未交增值税结转表。

(2) 实训业务流程：

① 计提未交增值税结转表。② 财务主管审核。③ 会计做账。

(3) 实训要求：

① 审核原始凭证，编制记账凭证。② 登记明细账。

【业务37】 12 月 31 日计提本月应交的城市维护建设税 7%、教育费附加 3%、地方教育附加 2%。

(1) 实训原始单据：城市维护建设税、教育费附加、地方教育附加计提表。

(2) 实训业务流程：

① 计提城市维护建设税、教育费附加、地方教育附加结算表。② 财务主管审核。③ 会计做账。

(3) 实训要求：

① 审核原始凭证，编制记账凭证。② 登记明细账。

【业务 38】 12 月 31 日结转本年的损益至本年利润。

(1) 实训原始单据：本年损益结转表。

(2) 实训业务流程：

① 编制本年损益结转表。② 财务主管审核。③ 会计做账。

(3) 实训要求：

① 审核原始凭证，编制记账凭证。② 登记明细账。

【业务 39】 12 月 31 日计提本季度应缴纳的所得税，所得税税率为 25%(备注：企业所得税按季度缴纳)。

(1) 实训原始单据：所得税计提表。

(2) 实训业务流程：

① 计提所得税结算表。② 财务主管审核。③ 会计做账。

(3) 实训要求：

① 审核原始凭证，编制记账凭证。② 登记明细账。

【业务 40】 12 月 31 日结转所得税费用至本年利润。

(1) 实训原始单据：所得税费用结转表。

(2) 实训业务流程：

① 编制所得税费用结转表。② 财务主管审核。③ 会计做账。

(3) 实训要求：

① 审核原始凭证，编制记账凭证。② 登记明细账。

【业务 41】 12 月 31 日结转本年利润至未分配利润账户。

(1) 实训原始单据：本年利润结转表。

(2) 实训业务流程：

① 编制本年利润结转表。② 财务主管审核。③ 会计做账。

(3) 实训要求：

① 审核原始凭证，编制记账凭证。② 登记明细账。

【业务42】 12 月 31 日按本月净利润的 10% 提取法定盈余公积，按本月净利润的 10% 提取任意盈余公积。

(1) 实训原始单据：盈余公积计提表。

(2) 实训业务流程：

① 编制本年盈余公积计提表。② 财务主管审核。③ 会计做账。

(3) 实训要求：

① 审核原始凭证，编制记账凭证。② 登记明细账。

【业务43】 12 月 31 日按本月净利润的 30% 向股东分配利润。

(1) 实训原始单据：股利分配表、股东会股利分配决议。

(2) 实训业务流程：

① 编制股利分配表、股东会股利分配决议。② 财务主管复核、总经理审核。③ 会计做账。

(3) 实训要求：

① 审核原始凭证，编制记账凭证。② 登记明细账。

【业务44】 12 月 31 日将本月的利润分配至未分配利润。

(1) 实训原始单据：本月利润结转表。

(2) 实训业务流程：

① 编制本月利润结转表。② 财务主管复核。③ 会计做账。

(3) 实训要求：

① 审核原始凭证，编制记账凭证。② 登记明细账。

会计凭证及有关账页

第一节　原　始　凭　证

一、金望公司11月业务原始单据

【业务1】原始单据

2021年11月工资明细表见表4-1。

表4-1　2021年11月工资明细表

编制日期：2021年11月30日

序号	部门	岗位	姓名	基本工资	岗位工资	职称工资	工龄工资	绩效工资	全勤工资	学历工资	应发工资	扣款			实发工资	领款人签名
												社保	公积金	个税		
1	总经办	总经理	刘金飞	8000	8000	2000	1600	8000	400	2000	30 000					
		总经办	谢译	4000	6000	1000	1000	1600	400	2000	16 000					
2	财务部	财务主管	李清	4000	6000	1200	800	1600	400	2000	16 000					
		会计	赵鸢	3000	4000	1000	800	1200	400	1600	12 000					
		出纳	孙惠	2000	3000	600	800	800	400	400	8000					
3	人事部	人事主管	周宜	4000	6000	1200	800	1600	400	2000	16 000					

续表

序号	部门	岗位	姓名	基本工资	岗位工资	职称工资	工龄工资	绩效工资	全勤工资	学历工资	应发工资	扣款			实发工资	领款人签名
												社保	公积金	个税		
4	后勤部	采购人员	张英	3000	4000	1000	800	1200	400	1600	12 000					
		仓储经理	吴宁	4000	6000	1200	800	1600	400	2000	16 000					
		仓库管理员	王君	2000	3000	600	800	800	400	400	8000					
5	生产部	车间主管	郑绵	4000	6000	1200	800	1600	400	2000	16 000					
		技术工人	梁月	3000	4000	1000	800	1200	400	1600	12 000					
6	销售部	销售总监	冯昌	4000	6000	1200	800	1600	400	2000	16 000					
		销售人员	陈琼莹	3000	4000	1000	800	1200	400	1600	12 000					
7	合计			48 000	66 000	14 200	11 400	24 000	5200	21 200	190 000					

总经理审批：　　　　　　　财务主管审核：　　　　　　　会计复核：　　　　　　　制表人：

【业务2】原始单据

社保费计提表见表4-2。

表4-2　社保费计提表

金额单位：元　　　　　　　　　　　　　　　　　　　　　　　　　　　　　　　　　年　月　日

部门	缴纳基数	社会保险费		小计
		企业承担部分	个人承担部分	
		30%	11%	
管理部门				
后勤部				
生产部				
销售部				
合计				

审核：　　　　　　　　　　　　　　　　　　　制表：

【业务 3】原始单据

公积金计提表见表 4-3。

表 4-3　公积金计提表

金额单位：元　　　　　　　　　　　　　　　　　　　　　　　　　　　　　　　　　　　　　　年　　月　　日

部门	缴纳基数	住房公积金		
		企业承担部分	个人承担部分	小计
		12%	12%	
管理部门				
后勤部				
生产部				
销售部				
合计				

审核：　　　　　　　　　　　　　　　　　　　　　　制表：

【业务 4】原始单据

工会经费计提表见表 4-4。

表 4-4　工会经费计提表

金额单位：元　　　　　　　　　　　　　　　　　　　　　　　　　　　　　　　　　　　　　　年　　月　　日

部门	缴纳基数	工会经费	
		企业承担部分	小计
		2%	
管理部门			
后勤部			
生产部			
销售部			
合计			

审核：　　　　　　　　　　　　　　　　　　　　　　制表：

【业务5】原始单据

职工教育经费计提表见表4-5。

表4-5　职工教育经费计提表

金额单位：元　　　　　　　　　　　　　　　　　　　　　　　　　　　　　　年　　月　　日

部门	缴纳基数	职工教育经费		小计
		企业承担部分		
		8%		
管理部门				
后勤部				
生产部				
销售部				
合计				

审核：　　　　　　　　　　　　　　　　　　　　制表：

【业务6】原始单据

未交增值税结转表见表4-6。

表4-6　未交增值税结转表

月份：　年　月

项目	栏次	金额
本期销项税额	1	1 800 000
本期进项税额	2	1 600 000
本期进项税额转出	3	0
上期留抵	4	0
减免税款	5	0
本期应纳税额	6	200 000

审核：　　　　　　　　　　　　　　　　　　　　制表：

【业务 7】原始单据

城市维护建设税、教育费附加、地方教育附加计提表见表 4-7。

表 4-7 城市维护建设税、教育费附加、地方教育附加计提表

月份： 年 月

单位：元

项目	计税基础	税率	税额
城市维护建设税		7%	
教育费附加		3%	
地方教育附加		2%	
合 计			

审核： 制表：

【业务 8】原始单据

累计折旧计算表见表 4-8。

表 4-8 累计折旧计算表

2021 年 11 月 30 日

单位：元

项 目	原 值	使用年限	年折旧额	月折旧额
厂房	168 000 000	20	8 400 000	700 000
合 计				

财务主管： 复核： 制表：

固定资产折旧分配表见表 4-9。

表 4-9 固定资产折旧分配表

2021 年 11 月 30 日

费用	内容	固定资产折旧
	金额	
分配情况	管理部门	
	销售部	
	生产部	

审核：   制表：

【业务 9】原始单据

累计摊销计算表见表 4-10。

表 4-10 累计摊销计算表

2021 年 11 月 30 日   单位：元

项　目	原　值	使用年限	年摊销额	月摊销额
土地使用权	120 000 000	20	6 000 000	500 000
合　计				

财务主管：   复核：   制表：

无形资产摊销分配表见表 4-11。

表 4-11 无形资产摊销分配表

2021 年 11 月 30 日

费用	内容	无形资产摊销
	金额	500 000
分配情况	管理部门	
	销售部	
	生产部	

【业务 10】原始单据

销售发票见图 4-1。

图 4-1　销售发票

税费计提表见表 4-12。

表 4-12 税费计提表

2021 年   月

项目	计税基础	税率	税额
合计			

【业务 11】原始单据

销售发票见图 4-2。

四川省增值税专用发票

5100211600   四川   No01975987

开票日期: 2021 年   月   日

购货方	名　　　称: 纳税人识别号: 地　址、电　话: 开户行及账号:				密码区			第一联: 记账联 销货方记账凭证
货物或应税劳务名　称	规格型号	单位	数量	单价	金额	税率	税额	
合　计								
价税合计(大写)					(小写)¥			
销货方	名　　　称: 纳税人识别号: 地　址、电　话: 开户行及账号:				备注			

收款人: 复核: 开票人: 销货方:(章)

图 4-2 销售发票

税费计提表见表 4-13。

表 4-13　税费计提表

2021 年　　月

项目	计税基础	税率	税额
合计			

二、金望公司12月业务原始单据

【业务 1】原始单据

提现申请单见表 4-14。

表 4-14　提现申请单

填单日期：

收款单位			
地址		联系电话	
收款人开户行		开户账号	
用途			
大写	拾　万　仟　佰　拾　元　角　分		人民币：

审批：　　　　　　　　审核：　　　　　　　　制单：

现金支票见图 4-3。

图 4-3　现金支票

【业务 2】原始单据

2021 年 11 月工资发放明细表见表 4-15。

表 4-15　2021 年 11 月工资发放明细表

发放日期：2021 年 12 月 5 日

序号	部门	岗位	姓名	基本工资	岗位工资	职称工资	工龄工资	绩效工资	全勤工资	学历工资	应发工资	扣款			实发工资	领款人签名
												社保	公积金	个税		
1	总经办	总经理	刘金飞	8000	8000	2000	1600	8000	400	2000	30 000					
		总经办	谢译	4000	6000	1000	1000	1600	400	2000	16 000					
2	财务部	财务主管	李清	4000	6000	1200	800	1600	400	2000	16 000					
		会计	赵鸾	3000	4000	1000	800	1200	400	1600	12 000					
		出纳	孙惠	2000	3000	600	800	800	400	400	8000					
3	人事部	人事主管	周宜	4000	6000	1200	800	1600	400	2000	16 000					
4	后勤部	采购人员	张英	3000	4000	1000	800	1200	400	1600	12 000					
		仓储经理	吴宁	4000	6000	1200	800	1600	400	2000	16 000					
		仓库管理员	王君	2000	3000	600	800	800	400	400	8000					

续表

序号	部门	岗位	姓名	基本工资	岗位工资	职称工资	工龄工资	绩效工资	全勤工资	学历工资	应发工资	扣款			实发工资	领款人签名
												社保	公积金	个税		
5	生产部	车间主管	郑绵	4000	6000	1200	800	1600	400	2000	16 000					
		技术工人	梁月	3000	4000	1000	800	1200	400	1600	12 000					
6	销售部	销售总监	冯昌	4000	6000	1200	800	1600	400	2000	16 000					
		销售人员	陈琼莹	3000	4000	1000	800	1200	400	1600	12 000					
7	合计			48 000	66 000	14 200	11 400	24 000	5200	21 200	190 000					

总经理审批: 财务主管审核: 会计复核: 制表人:

银行回单见图4-4。

ICBC 中国工商银行（代发工资回单）3

2021 年 12 月   日

付款人	全　　称		收款人	全　　称	
	账　　号			账　　号	
	开户银行	中国工商银行成都分行营业部		开户银行	中国工商银行成都分行营业部

金额	人民币（大写）		万	千	百	十	万	千	百	十	元	角	分

票据种类	转账支票	票据张数	1
票据号码			

复核　记账

开户银行签章

此联是收款人开户银行交给收款人的收账通知

图 4-4 银行回单

【业务 3】原始单据

电子缴税申请单见表 4-16。

表 4-16 电子缴税申请单

纳税人名称			
联系电话		联系人	
按照税收相关法律制度，本企业 11 月应缴纳增值税_____元，按纳税期限规定，现申请缴纳。 填写日期：　年　月　日			
单位审批 意见	审批情况： 单位公章：		经办人 年　月　日

未交增值税结转表见表 4-17。

表 4-17 未交增值税结转表

月份：2021 年 12 月

项目	栏次	金额
本期销项税额	1	
本期进项税额	2	
本期进项税额转出	3	
上期留抵	4	
减免税款	5	
本期应纳税额	6	

审核：　　　　　　　　　　　　　　　　　　　制表：

银行扣税回单见图4-5。

中国工商银行成都青羊支行　　电子缴税付款凭证

转账日期：2021___　　　　　　　凭证字号：05501087

纳税人全称及纳税人识别号：

付款人全称：

付款人账号：　　　　　　　　　征收机关名称：国家税务总局成都市青羊税务局

付款人开户银行：　　　　　　　收款国库（银行）名称：国家金库成都市青羊支库（代理）

小写（合计）金额：¥___　　　　缴款书交易流水号：91011227

大写（合计）金额：　　　　　　税票号码：1271990165031113611

税（费）种名称	所属时间	实缴金额
增值税	2021___ —2021___	¥___

第二联　作付款回单（无银行收讫章无效）　　　　复核　　　　　　记账

图4-5　银行扣税回单

【业务4】原始单据

城市维护建设税、教育费附加、地方教育附加表见表4-18。

表4-18　城市维护建设税、教育费附加、地方教育附加表

月份：2021年12月

项目	计税基础	税率	税额
城市维护建设税		7%	
教育费附加		3%	
地方教育附加		2%	
合计			

审核：　　　　　　　　　　　　　　　　制表：

电子缴税申请单见表4-19。

表4-19 电子缴税申请单

纳税人名称			
联系电话		联系人	

按照税收相关法律制度，本企业11月应缴纳城市维护建设税_____元、教育费附加_____元、地方教育附加_____元，按纳税期限规定，现申请缴纳。

填写日期： 年 月 日

单位 审批 意见	审批情况： 单位公章：	经办人 年 月 日

银行扣税回单见图4-6。

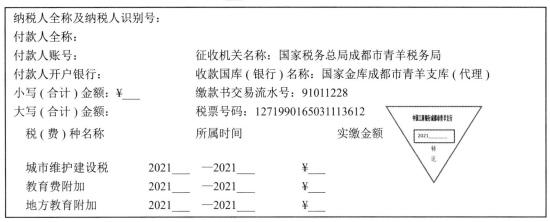

中国工商银行成都青羊支行　电子缴税付款凭证

转账日期：2021___　　　　凭证字号：05501088

纳税人全称及纳税人识别号：

付款人全称：

付款人账号：　　　　征收机关名称：国家税务总局成都市青羊税务局

付款人开户银行：　　　收款国库（银行）名称：国家金库成都市青羊支库（代理）

小写（合计）金额：¥___　　缴款书交易流水号：91011228

大写（合计）金额：　　　税票号码：1271990165031113612

税（费）种名称	所属时间	实缴金额
城市维护建设税	2021___ —2021___	¥___
教育费附加	2021___ —2021___	¥___
地方教育附加	2021___ —2021___	¥___

第二联　作付款回单（无银行收讫章无效）　　　复核　　　　记账

图4-6 银行扣税回单

【业务5】原始单据

个人所得税缴税申请单见表4-20。

表4-20 个人所得税缴税申请单

纳税人名称			
联系电话		联系人	
按照税收相关法律制度，本企业11月应缴纳个人所得税_____元，按纳税期限规定，现申请缴纳。 填写日期：　年　月　日			
单位 审批 意见	审批情况： 单位公章：		经办人 年　月　日

银行扣税回单见图4-7。

中国工商银行成都青羊支行　　电子缴税付款凭证

转账日期：2021___　　　　　　凭证字号：05501089

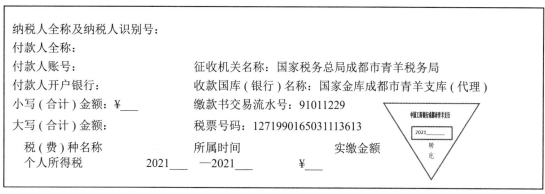

纳税人全称及纳税人识别号：

付款人全称：

付款人账号：　　　　　　征收机关名称：国家税务总局成都市青羊税务局

付款人开户银行：　　　　收款国库（银行）名称：国家金库成都市青羊支库（代理）

小写（合计）金额：¥___　缴款书交易流水号：91011229

大写（合计）金额：　　　税票号码：1271990165031113613

税（费）种名称	所属时间	实缴金额
个人所得税	2021___　—2021___	¥___

（三角印章：中国工商银行成都青羊支行　2021_____　转讫）

第二联　作付款回单（无银行收讫章无效）　　　复核　　　　　记账

图4-7　银行扣税回单

【业务 6】原始单据

社保缴纳申请单见表 4-21。

表 4-21　社保缴纳申请单

企业名称			
联系电话		联系人	
按照相关法律制度，本企业 11 月应缴纳社保费合计_____元，现申请缴纳。 填写日期：　　年　　月　　日			
单位 审批 意见	审批情况： 单位公章：	经办人 年　　月　　日	

社保费计提表见表 4-22。

表 4-22　社保费计提表

金额单位：元

　　　　　　　　　　　　　　　　　　　　　　　　　　　　　　　　　年　　月　　日

部门	缴纳基数	社会保险费		
		企业承担部分	个人承担部分	小计
		30%	11%	
管理部门				
后勤部				
生产部				
销售部				
合计				

审核：　　　　　　　　　　　　　　　　　　　　　　制表：

银行扣税回单见图 4-8。

中国工商银行成都青羊支行　　电子缴税付款凭证

转账日期：2021___　　　　　　　凭证字号：05501089

纳税人全称及纳税人识别号：

付款人全称：

付款人账号：　　　　　　　　征收机关名称：国家税务总局成都市青羊税务局

付款人开户银行：　　　　　　收款国库 (银行) 名称：国家金库成都市青羊支库 (代理)

小写 (合计) 金额：¥___　　　缴款书交易流水号：91011229

大写 (合计) 金额：　　　　　税票号码：1271990165031113613

税 (费) 种名称	所属时间	实缴金额
社会保险	2021___ －2021___	¥___

第二联　作付款回单 (无银行收讫章无效)　　　　　复核　　　　　　记账

图 4-8　银行扣税回单

【业务7】原始单据

住房公积金缴纳申请单见表 4-23。

表 4-23　住房公积金缴纳申请单

企业名称			
联系电话		联系人	
按照相关法律制度，本企业11月应缴纳住房公积金合计_____元整，现申请缴纳。 　　　　　　　　　　　　　　　　　　　　　　　　　　　填写日期：　　年　　月　　日			
单位 审批 意见	审批情况： 单位公章：		经办人 年　　月　　日

公积金计提表见表 4-24。

表 4-24　公积金计提表

金额单位：元　　　　　　　　　　　　　　　　　　　　　　　　　　　　　　年　　月　　日

部门	缴纳基数	住房公积金		
		企业承担部分	个人承担部分	小计
		12%	12%	
管理部门				
后勤部				
生产部				
销售部				
合计				

审核：　　　　　　　　　　　　　　　　　　　制表：

住房公积金扣缴回单见图4-9。

ICBC 中国工商银行（住房公积金扣缴回单）3

2021 年 12 月　日

付款人	全　称		收款人	全　称												
	账　号			账　号												
	开户银行	中国工商银行成都分行营业部		开户银行	中国工商银行成都分行营业部											
金额	人民币 (大写)			万	千	百	十	万	千	百	十	元	角	分

票据种类	转账支票	票据张数	1	
票据号码				

复核　　记账　　　　　　　　　　　　　　　　　　开户银行签章

此联是收款人开户银行交给收款人的收账通知

图 4-9　住房公积金扣缴回单

【业务8】原始单据

工会经费缴纳申请单见表 4-25。

表 4-25　工会经费缴纳申请单

企业名称			
联系电话		联系人	
按照相关法律制度，按工资总额的 2% 应缴纳 11 月份工会经费合计_____元整，现申请缴纳。 填写日期：　年　月　日			
单位 审批 意见	审批情况： 单位公章：		经办人 年　月　日

职工教育经费缴纳申请单见表 4-26。

表 4-26　职工教育经费缴纳申请单

企业名称			
联系电话		联系人	
按照相关法律制度，按工资总额的 8% 应缴纳 11 月份职工教育经费合计_____元整，现申请缴纳。 填写日期：　年　月　日			
单位 审批 意见	审批情况： 单位公章：		经办人 年　月　日

工会经费扣缴回单见图 4-10。

ICBC 🔲 中国工商银行（工会经费扣缴回单）3

2021 年 12 月　　日

付款人	全　称		收款人	全　称											
	账　号			账　号											
	开户银行	中国工商银行成都分行营业部		开户银行	中国工商银行成都分行营业部										
金额	人民币 （大写）				万	千	百	十	万	千	百	十	元	角	分
票据种类	转账支票		票据张数	1											
票据号码															
	复核　　记账			开户银行签章											

此联是收款人开户银行交给收款人的收账通知

图 4-10　工会经费扣缴回单

职工教育经费扣缴回单见图 4-11。

ICBC 中国工商银行(职工教育经费扣缴回单)3

年 月 日

<table>
<tr><td rowspan="3">付款人</td><td>全　称</td><td colspan="3"></td><td rowspan="3">收款人</td><td>全　称</td><td colspan="11"></td></tr>
<tr><td>账　号</td><td colspan="3"></td><td>账　号</td><td colspan="11"></td></tr>
<tr><td>开户银行</td><td colspan="3">中国工商银行成都分行营业部</td><td>开户银行</td><td colspan="11">中国工商银行成都分行营业部</td></tr>
<tr><td rowspan="2">金额</td><td rowspan="2">人民币
(大写)</td><td rowspan="2" colspan="5"></td><td>万</td><td>千</td><td>百</td><td>十</td><td>万</td><td>千</td><td>百</td><td>十</td><td>元</td><td>角</td><td>分</td></tr>
<tr><td></td><td></td><td></td><td></td><td></td><td></td><td></td><td></td><td></td><td></td><td></td></tr>
<tr><td colspan="2">票据种类</td><td>转账支票</td><td>票据张数</td><td></td><td colspan="13"></td></tr>
<tr><td colspan="2">票据号码</td><td colspan="3"></td><td colspan="13"></td></tr>
<tr><td colspan="5">复核　记账</td><td colspan="13">开户银行签章</td></tr>
</table>

此联是收款人开户银行交给收款人的收账通知

图 4-11 职工教育经费扣缴回单

【业务 9】原始单据

借款单见表 4-27。

表 4-27 借 款 单
年 月 日

借 款 人		部门		职位	
用 途					
借款金额	大写： 万 仟 佰 拾 元 角			小写：¥	
部门分管 领导审查		财务主管 审核		总经理 审批	
出 纳		领款人签字			

【业务 10】原始单据

差旅费报销单见表 4-28。

表 4-28 差旅费报销单
年 月 日

所属部门			姓名		出差天数				
出 差 事 由					借 支 差旅费	借支金额			实报金额
						退（补）金额 ¥			
出发		到达		起止地点		交通费	住宿费	伙食费	其他
月	日	月	日						
合计						大写： 拾 万 仟 佰 拾 元 角 分 ¥			

总经理： 财务主管： 部门经理： 会计： 出纳： 报销人：

机票（一）见图 4-12。

航空运输电子客票行程单

ITINERARY/RECEIPT OF E-TICKET　　印刷序号：161222331　1

FOR AIR TRANSPORT　　SERIAL NUMBER

顾客姓名NAME OF PASSENGER 周宜						有 效 身 份 证 号 码 ID.NO.511112198004213003		备注 ENDORSEMENTS/RESTRCTIONS(CARBON) 不得转签		
	承运人 CAR-RIER	航班号 FLIGHT	座位等级 CLASS	日期 DATE	时间 TIME	客票级别/客票类别 FARE BASIS	客票生效日期 NOTVALID BEFORE	有效截止日期 VOTVALID AFIER	免费行李 AL-LOW
自FORM成都 至TO上海 至TO 至TO 至 TO CNY	MU	1188	X	10DEC	0930				
	票价 FARE CNY727.00	机场建设费 CONSTRUCTION FEE CNY50.00		燃油附加费 FUEL SURCHARGE CNY80.00		其他税费 OTHER TAXES		合计 TOTAL CNY857.00	
电子客票号码 6259468822368 E—TICKETCODE.			验证码　7896 CK.		提示信息 INFORMATION			保险费 INSURANCE	
销售单位代号 XA775662587 AGENTCODE.			填开单位　四川速达航空服务有限公司 ISSUEDBY			填开日期2021-12-10 DATE OF ISSUE			

验真网址：WWW.TRAVELSKE.COM　　　服务热线：400-888-2222　　　短信验真：发送 XA 至 10068822

图 4-12　机票（一）

住宿费见图 4-13。

上海市税务局通用机打发票

机打代码 87563268321

机打号码 87080878

开票日期：2021-12-10

发票联

行业分类：服务业

发票代码：87563268321

发票号码：87080878

付款单位名称：金望有限公司

付款单位识别号：610123456789000

货物及劳务名称	规格	单位	单价	数量	金额
住宿费			500.00	3	1500.00
餐饮费					643.00

合计（大写）：贰仟壹佰肆拾叁元整　　　　　　　　　　　　　　合计：¥2143.00

收款单位名称（盖章）：上海虹桥酒店有限公司　　　收款单位开户银行及账号：工行南大街 6222458978334465

收款单位识别号：2103456789012356　　　开票人：袁元　　　　　　备注

图 4-13　住宿费

机票（二）见图 4-14。

航空运输电子客票行程单

ITINERARY/RECEIPT OF E-TICKET　　印刷序号：161222345　1

FOR AIR TRANSPORT　SERIAL NUMBER　　SERIAL NUMBER

顾客姓名NAME OF PASSENGER 周宜			有效身份证号码 ID.NO.511112198004213003			备注 ENDORSEMENTS/RESTRCTIONS(CARBON) 不得转签			
承运人 CAR-RIER	航班号 FLIGHT	座位等级 CLASS	日期 DATE	时间 TIME	客票级别/客票类别 FARE BASIS	客票生效日期 NOTVALID BEFORE	有效截止日期 VOTVALID AFIER		免费行李 AL-LOW
自FORM上海 至TO成都 MU	1268	X	15DEC	1030	X				10KG
至TO 至TO 至 TO CNY	票价 FARE CNY870.00	机场建设费 CONSTRUCTION FEE CNY50.00		燃油附加费 FUEL SURCHARGE CNY80.00		其他税费 OTHER TAXES	合计 TOTAL CNY1000.00		

电子客票号码 6259468822568　　　验证码　7896　　　提示信息　　　　保险费
E—TICKETCODE.　　　　　　　　　CK.　　　　　　INFORMATION　　INSURANCE

销售单位代号 XA775662589　　　填开单位　上海飞翔航空服务有限公司　　填开日期2021-12-15
AGENTCODE.　　　　　　　　　ISSUEDBY　　　　　　　　　　　　　　DATE OF ISSUE

验真网址：WWW.TRAVELSKE.COM　　　服务热线：400-888-2222　　　短信验真：发送 XA 至 10068822

图 4-14　机票（二）

收据见表 4-29。

表 4-29　收　据　　　　　　编码：

年　月　日

客户										第一联（存根）第二联（收据）第三联（登账）
项目	数量	金额							备注	
		百	十	千	百	十	元	角	分	
人民币		拾	万	仟	佰	元	角	分		

【业务 11】原始单据

费用报销单见表 4-30。

表 4-30　费 用 报 销 单

报销日期　年　月　日　　　　　　　　　　附件　　张

费 用 事 项	费用类别	金　额	总经理审批	
			财务主管审核	
			部门分管领导审查	

报销金额(大写)：　　万　仟　佰　拾　元　角　分　¥

财务复核：　　　　　出纳：　　　　　领款人：　　　　　报销人：

餐饮发票（一）见图 4-15。

四川省税务局通用机打发票

机打代码 51563268322 　　　　　　　　　　　发票联　　　　　　　　　　发票代码：51563268322

机打号码 51080888 　　　　　　　　　　　　　　　　　　　　　　　　发票号码：51080888

开票日期：2021-12-10 　　　　　　　　　　行业分类：服务业

付款单位名称：金望有限公司			付款单位识别号：330805222065288		
货物及劳务名称	规格	单位	单价	数量	金额
餐饮费			2143.00		
合计（大写）：贰仟壹佰肆拾叁元整				合计：¥2143.00	
收款单位名称（盖章）：四川锦绣酒店有限公司			收款单位开户银行及账号：工行青羊街 6222123456789466		
收款单位识别号：5103456789012368		开票人：肖烨		备注	

第一联发票联 购货单位记账凭证

图 4-15　餐饮发票（一）

餐饮发票（二）见图 4-16。

四川省税务局通用机打发票

机打代码 51563266623　　　　　　　　　　发票联　　　　　　　发票代码：51563266623

机打号码 51080678　　　　　　　　　　　　　　　　　　　　　　发票号码：51080678

开票日期：2021-12-10　　　　　　　　行业分类：服务业

<table>
<tr><td colspan="2">付款单位名称：金望有限公司</td><td colspan="4">付款单位识别号：330805222065288</td></tr>
<tr><td>货物及劳务名称</td><td>规格</td><td>单位</td><td>单价</td><td>数量</td><td>金额</td></tr>
<tr><td>餐饮费</td><td></td><td></td><td>857.00</td><td></td><td></td></tr>
<tr><td colspan="5">合计（大写）：捌佰伍拾柒元整</td><td>合计：¥857.00</td></tr>
<tr><td colspan="3">收款单位名称（盖章）：四川金清酒店有限公司</td><td colspan="3">收款单位开户银行及账号：工行文化街 6222000123456789</td></tr>
<tr><td colspan="2">收款单位识别号：5101234567812368</td><td colspan="2">开票人：李川</td><td colspan="2">备注</td></tr>
</table>

第一联发票联　购货单位记账凭证

图 4-16　餐饮发票（二）

【业务 12】原始单据

汽车费用报销单见表 4-31。

表 4-31 汽车费用报销单

车牌号：   报销日期： 年 月 日

费用事项	单据张数	金额	总经理 审批	
			财务主管 审批	
报销金额(大写) 仟 佰 拾 万 仟 佰 拾 元 角 分 ¥				

财务复核：   出纳：   领款人：   报销人：

油票见图 4-17。

增值税普通发票

记账联   开票日期： 年 月 日   此联不作为报销扣税凭证使用

购货单位	名　　　　称： 纳税人识别号： 地　址、电　话： 开户行及账号：				密码区			
	货物或应税劳务名称	规格型号	单位	数量	单价	金额	税率	税额
	合　计							
	价税合计(大写)				(小写)			
销货单位	名　　　　称： 纳税人识别号： 地　址、电　话： 开户行及账号：				备注			

收款人：   复核：   开票人：   销货物单位：(章)

图 4-17 油票

【业务 13】原始单据

付款申请单见表 4-32。

表4-32　付款申请单

年　　月　　日

用　　途					
收款单位			开户行		
付款方式			账　号		
付款金额	（大写）　仟　佰　拾　万　仟　佰　拾　元　角　分			￥	
付　款　人		部门负责人审查		分管领导审查	
财务主管审批		总经理审批			

转账支票见图 4-18。

图 4-18　转账支票

【业务 14】原始单据

固定资产购置申请表见表 4-33。

表 4-33　固定资产购置申请表

申请部门：　　　　　　　　　　　　　　　　　　　　申请日期：

序号	固定资产名称	规格型号	申购数量	单位	预计单价	预计总价
合计						
申请原因： 　　　　　　　　　　　　　　　　　　　　　　　　　　　　申请人：						
部门负责人审核	行政部负责人审核	财务部负责人审核	公司领导审批

固定资产验收单见表 4-34。

表 4-34　固定资产验收单

签收日期：　　年　月　日

序号	固定资产名称	规格型号	签收数量	单位	单价	总价	使用部门
1							
2							
3							
4							
5							
6							
	合计						
签收人：							

增值税专用发票见图4-19。

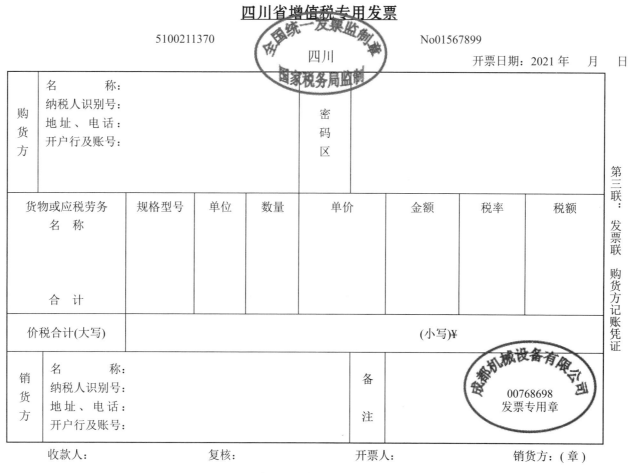

图 4-19 增值税专用发票

付款申请单见表4-35。

表 4-35 付款申请单

年 月 日

用　　途											
收款单位					开户行						
付款方式					账　号						
付款金额	大写：	仟 佰 拾 万 仟 佰 拾 元 角 分								¥	
付 款 人			部门负责人审查				分管领导审查				
财务主管 审批					总经理 审批						

转账支票见图4-20。

图 4-20　转账支票

【业务 15】原始单据

无形资产购置申请表见表 4-36。

表 4-36 无形资产购置申请表

申请部门：　　　　　　　　　　　　　　　　　　　　　申请日期：

序号	无形资产名称	规格型号	申购数量	单位	预计单价	预计总价
合计						
申请原因：　　　　　　　　　　　　　　　　　　　　　　　　　　　　　　　　　　　　　　申请人：						
部门负责人审核		行政部负责人审核		财务部负责人审核	公司领导审批	

无形资产验收单见表 4-37。

表 4-37 无形资产验收单

签收日期：　　年　　月　　日

序号	无形资产名称	规格型号	签收数量	单位	单价	总价	使用部门
1							
2							
3							
4							
5							
6							
合计							
签收人：							

发票见图4-21。

四川省增值税专用发票

5100211470　　　　　　　　　　　　　　No01567990

全国统一发票监制章
四川
国家税务局监制

开票日期：2021 年　　月　　日

购货方	名　　　　称： 纳税人识别号： 地址、电话： 开户行及账号：				密码区			
货物或应税劳务 名　　　称	规格型号	单位	数量	单价	金额	税率	税额
合　　计							

价税合计(大写)	(小写)¥

销货方	名　　　　称： 纳税人识别号： 地址、电话： 开户行及账号：	备注	四川永丰科技有限公司 00768698 发票专用章

收款人：　　　　　复核：　　　　　开票人：　　　　　销货方：（章）

第三联：发票联　购货方记账凭证

图4-21　发票

付款申请单见表4-38。

表4-38　付款申请单

年　　月　　日

用　　途				
收款单位		开户行		
付款方式		账　号		
付款金额	大写：　仟　佰　拾　万　仟　佰　拾　元　角　分		¥	
付　款　人		部门负责人审查		分管领导审查	
财务主管审批		总经理审批		

转账支票见图4-22。

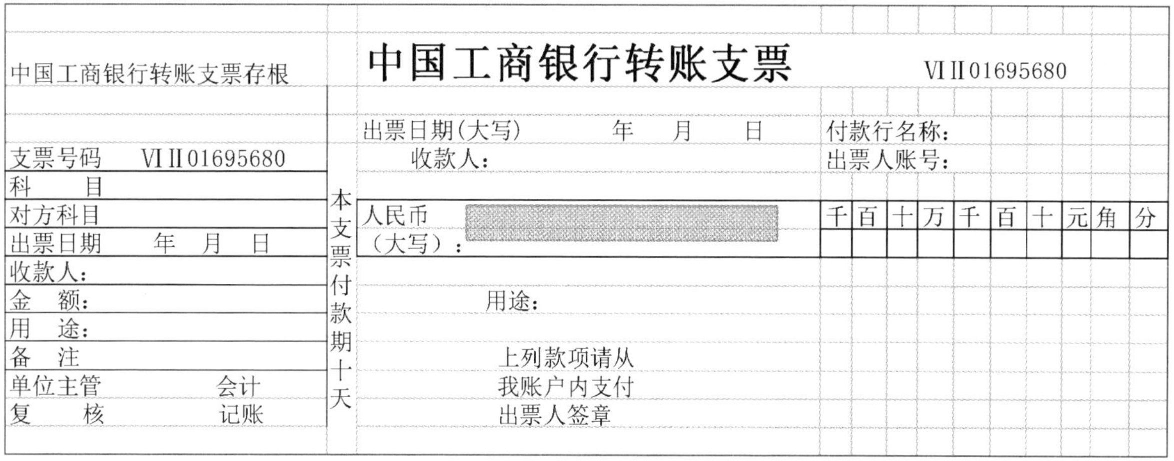

图4-22　转账支票

【业务 16】原始单据

办公用品采购申请表见表 4-39。

表 4-39　办公用品采购申请表

申请部门：　　　　　　　　　　　　　　　　　　　申请日期：

序号	办公用品名称	规格型号	申购数量	单位	预计单价	预计总价
合计						
申请原因： 申请人：						
部门负责人审核	行政部负责人审核	财务部负责人审核	公司领导审批

办公用品验收入库单见表 4-40。

表 4-40　办公用品验收入库单

签收日期：　　年　　月　　日

序号	办公用品	规格型号	签收数量	单位	单价	总价	使用部门
1							
2							
3							
4							
5							
6							
	合　计						
签收人：							

发票见图4-23。

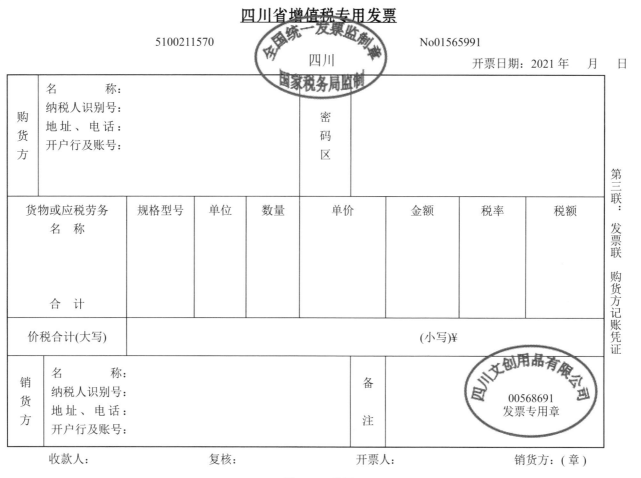

图 4-23　发票

付款申请单见表4-41。

表4-41 付款申请单

年　月　日

用　　途												
收款单位						开户行						
付款方式						账　号						
付款金额	大写:	仟	佰	拾	万	仟	佰	拾	元	角	分	¥
付　款　人			部门负责人审查					分管领导审查				
财务主管 审批						总经理 审批						

转账支票见图4-24。

图 4-24　转账支票

【业务 17】原始单据

材料采购申请表见表 4-42。

表 4-42 材料采购申请表

申请部门： 申请日期：

序号	原材料名称	规格型号	申购数量	单位	预计单价	预计总价
合计						
申请原因：						申请人：
部门负责人审核		行政部负责人审核		财务部负责人审核	公司领导审批	

材料验收入库单见表 4-43。

表 4-43 材料验收入库单

签收日期： 年 月 日

序号	原材料	规格型号	签收数量	单位	单价	总价	使用部门
1							
2							
3							
4							
5							
6							
合 计							
签收人：							

发票见图 4-25。

四川省增值税专用发票

5100211670 　　　　　　　　　　　　　　四川　　　　　　No01775983

开票日期：2021 年　　月　　日

购货方	名　　　　称：		密码区				
	纳税人识别号：						
	地　址、电　话：						
	开户行及账号：						

货物或应税劳务名　　称	规格型号	单位	数量	单价	金额	税率	税额
合　　计							

价税合计(大写)		(小写)¥

销货方	名　　　　称：		备注	01768692 发票专用章
	纳税人识别号：			
	地　址、电　话：			
	开户行及账号：			

收款人：　　　　　　复核：　　　　　　　开票人：　　　　　　　销货方：(章)

图 4-25　发票

第三联：发票联　购货方记账凭证

【业务18】原始单据

付款申请单见表4-44。

表4-44　付款申请单
年　　月　　日

用　　途							
收款单位					开户行		
付款方式					账　号		
付款金额	大写：　　仟　佰　拾　万　仟　佰　拾　元　角　分				¥		
付　款　人		部门负责人审查				分管领导审查	
财务主管 审批				总经理 审批			

转账支票见图4-26。

图 4-26　转账支票

【业务 19】原始单据

材料领用申请表见表 4-45。

表 4-45 材料领用申请表

领料单位：　　　　　　　　　　　　　　　　　　　年　月　日　　　　　　　用途：

材料名称	规格	计量单位	数量		单价	金额
			请领	实领		
甲材料		千克				
乙材料		千克				

记账：　　　　　　　　发料：　　　　　　　　领料负责人：　　　　　　　　领料：

出库单见表 4-46。

表 4-46 出　库　单

出库部门

交货仓库　　　　　　　　　　　　　　　　日期：　年　月　日　　　　　　　NO.

编号	名称	规格	单位	数量	单价	金额							
						十	万	千	百	十	元	角	分
备注：					合计								

会计：　　　　　　　出纳：　　　　　　　保管：　　　　　　　收货人：　　　　　　　制单：

①存根联②财务③仓库

发出材料汇总表见表 4-47。

表 4-47　发出材料汇总表

单位：元

用　途	甲材料		乙材料		材料耗用合计
	数量	金额	数量	金额	
A产品耗用	1000	50 000	1000	100 000	150 000
B产品耗用	500	25 000	500	50 000	75 000
车间耗用	500	25 000	500	50 000	75 000
合　计					

【业务 20】原始单据

2021 年 12 月工资计提明细表见表 4-48。

表 4-48　2021 年 12 月工资计提明细表

序号	部门	岗位	姓名	基本工资	岗位工资	职称工资	工龄工资	绩效工资	全勤工资	学历工资	应发工资	扣款			实发工资	领款人签名
												社保	公积金	个税		
1	总经办	总经理	刘金飞	8000	8000	2000	1600	8000	400	2000	30 000					
		总经办	谢译	4000	6000	1000	1000	1600	400	2000	16 000					
2	财务部	财务主管	李清	4000	6000	1200	800	1600	400	2000	16 000					
		会计	赵鸾	3000	4000	1000	800	1200	400	1600	12 000					
		出纳	孙惠	2000	3000	600	800	800	400	400	8000					
3	人事部	人事主管	周宜	4000	6000	1200	800	1600	400	2000	16 000					
4	后勤部	采购人员	张英	3000	4000	1000	800	1200	400	1600	12 000					
		仓储经理	吴宁	4000	6000	1200	800	1600	400	2000	16 000					
		仓库管理员	王君	2000	3000	600	800	800	400	400	8000					
5	生产部	车间主管	郑绵	4000	6000	1200	800	1600	400	2000	16 000					
		技术工人	梁月	3000	4000	1000	800	1200	400	1600	12 000					
6	销售部	销售总监	冯昌	4000	6000	1200	800	1600	400	2000	16 000					
		销售人员	陈琼莹	3000	4000	1000	800	1200	400	1600	12 000					
7	合计			48 000	66 000	14 200	11 400	24 000	5200	21 200	190 000					

总经理审批：　　　　　财务主管审核：　　　　　会计复核：　　　　　制表人：

工资计提汇总表见表4-49。

表 4-49　工资计提汇总表

时间：　　年　　月

序号	部门	工资	奖金	应发工资合计
1	管理部门			
2	销售部			
3	生产部			
4	后勤部			
	合计			

财务审核：

【业务21】原始单据

累计折旧计算表见表4-50。

表 4-50　累计折旧计算表

2021年12月31日　　　　　　　　　　　　　　　　单位：元

项　目	原　值	使用年限	年折旧额	月折旧额
厂房	168 000 000	20	8 400 000	700 000
合　计				

财务主管：　　　　　　　　　　复核：　　　　　　　　　　制表：

固定资产折旧分配表见表 4-51。

表 4-51　固定资产折旧分配表

2021 年 12 月 31 日

费用	内容	固定资产折旧
	金额	700 000
分配情况	管理部门	
	销售部	
	生产部	

审核：　　　　　　　　　　　　　　　　　　制表：

【业务 22】原始单据

累计摊销计算表见表 4-52。

表 4-52　累计摊销计算表

2021 年 12 月 31 日　　　　　　　　　　　　　　　　　　　　　　单位：元

项　　目	原　　值	使用年限	年摊销额	月摊销额
土地使用权	60 000 000	10	6 000 000	500 000
合　　计				

财务主管：　　　　　　　　　复核：　　　　　　　　　　制表：

无形资产摊销分配表见表 4-53。

表 4-53 无形资产摊销分配表

2021 年 12 月 31 日

费用	内容	无形资产摊销
	金额	500 000
分配情况	管理部门	
	销售部	
	生产部	

【业务 23】原始单据

水电费用分配表见表 4-54。

表 4-54 水电费用分配表

2021 年 12 月 31 日

费用	内容	水电费
	金额	
分配情况	管理部门	
	销售部	
	生产部	

审核：　　　　　　　　　　　　　　　　　　　制表：

【业务 24】原始单据

房租费用分配表见表 4-55。

表 4-55 房租费用分配表

2021 年 12 月 31 日

费用	内容	房租
	金额	
分配情况	管理部门	
	销售部	
	生产部	

审核: 制表:

【业务 25】原始单据

制造费用分配表见表 4-56。

表 4-56 制造费用分配表

2021 年 12 月 31 日

应借账户 ＼ 应贷账户	制造费用合计:		元		
	耗用工时	分配率	合计金额	产品数量	单价
A产品	10 000			1000	
B产品	40 000			1000	
合计	50 000				

财务主管: 复核: 制表:

【业务 26】原始单据

A 产品成本计算单见表 4-57。

表 4-57   A 产品成本计算单

2021 年 12 月 31 日

产品名称：A 产品   产成品数量：1000 件

摘　要	直 接 材 料	直 接 人 工	制 造 费 用	其他直接支出	合　计
期初在产品	0	0	0	0	
本月发生费用				0	
本月费用合计				0	
本月完工产品				0	
月末在产品	0	0	0	0	

财务主管：　　　　　　　　　　　　复核：　　　　　　　　　　　　制单：

B 产品成本计算单见表 4-58。

表 4-58   B 产品成本计算单

2021 年 12 月 31 日

产品名称：B 产品   产成品数量：1000 件

摘　要	直 接 材 料	直 接 人 工	制 造 费 用	其他直接支出	合　计
期初在产品	0	0	0	0	
本月发生费用				0	
本月费用合计				0	
本月完工产品				0	
月末在产品	0	0	0	0	

财务主管：　　　　　　　　　　　　复核：　　　　　　　　　　　　制单：

完工产品入库统计表见表 4-59。

表 4-59 完工产品入库统计表

单位：仓库　　　　　　　　　　　　　　　　　2021 年　　月　　日

品　名	单　位	数　量	单　价	金　额	备　注
A产品	件				
B产品	件				
合计					

财务主管：　　　　　　　　　　复核：　　　　　　　　　　制表：

【业务 27】原始单据

客户订购单见表 4-60。

表 4-60 客户订购单

单位：　　　　　　　　　　　　　　　　　　　2021 年　　月　　日

品　名	单　位	数　量	单　价	金　额	备　注
A产品	件				
B产品	件				
合计					

财务主管：　　　　　　　　　　复核：　　　　　　　　　　制单：

销售人员销售单见表 4-61。

表 4-61 销售人员销售单

单位：　　　　　　　　　　　　　　　　　　　年　　月　　日

品　名	单　位	数　量	单　价	金　额	备　注
A产品	件				
B产品	件				
合计					

财务主管：　　　　　　　　　　复核：　　　　　　　　　　制单：

仓库管理员发货单见表 4-62。

表 4-62　仓库管理员发货单

单位：仓库　　　　　　　　　　　　　　　　　　年　　月　　日

品　名	单　位	数　量	单　价	金　额	备　注
A产品	件				
B产品	件				
合计					

财务主管：　　　　　　　　　　复核：　　　　　　　　　　　　　　制单：

客户签收单见表 4-63。

表 4-63　客 户 签 收 单

单位：仓库　　　　　　　　　　　　　　　　　　年　　月　　日

品　名	单　位	数　量	单　价	金　额	备　注
A产品	件				
B产品	件				
合计					

签收：　　　　　　　　　　　　复核：　　　　　　　　　　　　　　制单：

销售发票见图 4-27。

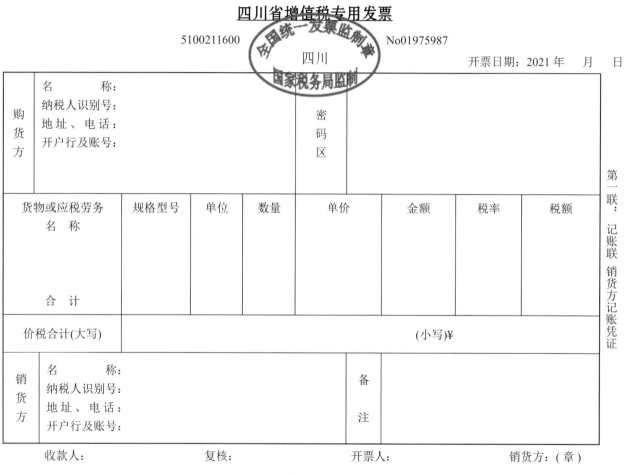

图 4-27　销售发票

销售产品结转表见表 4-64。

表 4-64　销售产品结转表

单位：
2021 年 12 月 31 日

客户：						签名	日期	
项目：								
日期	产品名称	销售收入				销售成本		
		数量	单价	金额		数量	单位成本	总成本

财务主管：　　　　　　　　　　　复核：　　　　　　　　　　　制表：

【业务 28】 原始单据

银行回单见图 4-28。

ICBC 🔄 **中国工商银行（回单）**3

2021 年 12 月　　日

付款人	全　称		收款人	全　称										
	账　号			账　号										
	开户银行	中国工商银行成都分行营业部		开户银行	中国工商银行成都分行营业部										
金额	人民币 (大写)			万	千	百	十	万	千	百	十	元	角	分
票据种类	转账支票		票据张数	1										
票据号码														

复核　　记账

开户银行签章

图 4-28　银行回单

此联是收款人开户银行交给收款人的收账通知

【业务 29】原始单据

销售提成申请表见表 4-65。

表 4-65 销售提成申请表

2021 年 12 月 31 日

申请人		总经理审批	
申请事由		财务主管审核	
		销售总监审核	
提成金额	金额 (大写): 仟 佰 拾 万 仟 佰 拾 元 角 分 ￥		

银行回单见图 4-29。

ICBC 中国工商银行 (回单)3

2021 年 12 月 日

付款人	全 称		收款人	全 称											
	账 号			账 号											
	开户银行	中国工商银行成都分行营业部		开户银行	中国工商银行成都分行营业部										
金额	人民币 (大写)				万	千	百	十	万	千	百	十	元	角	分
票据种类	转账支票	票据张数	1												
票据号码															
复核 记账			开户银行签章												

此联是收款人开户银行交给收款人的收账通知

图 4-29 银行回单

个税代扣代缴申请表见表4-66。

表4-66　个税代扣代缴申请表

企业名称			
联系电话		联系人	
按照相关法律制度，本企业12月应缴纳个税代扣代缴合计_____元，现申请缴纳。 填写日期：　年　月　日			
单位 审批 意见	审批情况： 单位公章：		经办人 年　月　日

【业务30】原始单据

盘亏单见表4-67。

表4-67　盘　亏　单

日期：　年　月　日　　　　　　　　　　　编号：

商品名称	账存数量	盘点数量	盘亏数量	单价	金额
甲材料	3000 kg	2900 kg	100 kg	50	5000

【业务 31】原始单据

商品盈亏处理报告见图 4-30。

商品盈亏处理报告（摘要）

处理时间：2021 年 12 月 31 日

发生时间：2021 年 12 月

处理金额：5650

业务原因：管理不善

申请部门：仓储中心

申请：王君　　　　　　　　　　　　　　　　　批准：刘金飞

图 4-30　商品盈亏处理报告

【业务 32】原始单据

利息计提单见表 4-68。

表 4-68　利 息 计 提 单

2021 年 12 月 31 日

费用	内容	利息	
	金额	160 000	
借款合同	100 000	1. 银行借款利息	100 000
	60 000	2. 企业借款利息	60 000

审核：　　　　　　　　　　　　　　　　　制单：

【业务33】原始单据

社保费计提单见表4-69。

表 4-69　社保费计提单

金额单位：元　　　　　　　　　　　　　年　月　日

部门	缴纳基数	社会保险费		
		企业承担部分	个人承担部分	小计
		30%	11%	
管理部门				
后勤部				
生产部				
销售部				
合计				

审核：　　　　　　　　　　　　　　　　　　　　　　制单：

【业务34】原始单据

公积金计提单见表4-70。

表 4-70　公积金计提单

金额单位：元　　　　　　　　　　　　　年　月　日

部门	缴纳基数	住房公积金		
		企业承担部分	个人承担部分	小计
		12%	12%	
管理部门				
后勤部				
生产部				
销售部				
合计				

审核：　　　　　　　　　　　　　　　　　　　　　　制单：

【业务 35】原始单据

工会经费计提表见表 4-71。

表 4-71　工会经费计提表

企业名称				
联系电话		联系人		
按照相关法律制度，按工资总额的 2% 计提 12 月工会经费＿＿＿＿＿元整，现申请缴纳。 填写日期：　　年　　月　　日				
单位 审批 意见	审批情况： 单位公章：			经办人 年　　月　　日

【业务 36】原始单据

未交增值税结转表见表 4-72。

表 4-72　未交增值税结转表

2021 年 12 月

项目	栏次	金额
本期销项税额	1	
本期进项税额	2	
本期进项税额转出	3	
上期留抵	4	
减免税款	5	
本期应纳税额	6	

审核：　　　　　　　　　　　　　　　　　　　　制表：

【业务 37】原始单据

城市维护建设税、教育费附加、地方教育附加计提表见表 4-73。

表 4-73　城市维护建设税、教育费附加、地方教育附加计提表

2021 年 12 月

项目	计税基础	税率	税额
城市维护建设税		7%	
教育费附加		3%	
地方教育附加		2%	
合计			

审核：　　　　　　　　　　　　　　　　　　制表：

【业务 38】原始单据

本年损益结转表见表 4-74。

表 4-74　本年损益结转表

2021 年 12 月 31 日

科目编码	科目	借方发生额	贷方发生额
6001	主营业务收入		
6051	其他业务收入		
6101	公允价值变动损益		
6111	投资收益		
6301	营业外收入		
6401	主营业务成本		
6402	其他业务成本		

科目编码	科目	借方发生额	贷方发生额
6403	营业税金及附加		
6601	销售费用		
6602	管理费用		
6603	财务费用		
6701	资产减值损失		
6711	营业外支出		
6801	所得税费用		
6901	以前年度损益调整		
	合计		

【业务39】原始单据

所得税计提表见表4-75。

表4-75 所得税计提表

2021年　月

项目	计税基础	税率	税额
所得税		25%	
合计			

【**业务 40**】结转，无需原始凭证

【**业务 41**】结转，无需原始凭证

【**业务 42**】原始单据

盈余公积计提表见表 4-76。

表 4-76　盈余公积计提表

2021 年　　月

项目	计提基础	计提比例	金额
法定盈余公积		10%	
任意盈余公积		10%	
合计			

【**业务 43**】原始单据

股利分配表见表 4-77。

表 4-77　股 利 分 配 表

2021 年　　月

项目	计提基础	计提比例	金额
股利分配		30%	
合计			

股东会股利分配决议见图 4-31。

×××× 有限责任公司
股东会决议

一、会议日期：　　年　　月　　日

二、会议地点：×××× 有限责任公司董事长办公室

三、出席人员：

四、会议主持：董事长

五、会议决议事项：

经董事会全体董事一致通过，做出如下决定：

鉴于公司 20×× 年税后可分配利润为：＿＿＿＿＿元；20×× 年税后可分配利润为：＿＿＿＿＿元；累计 20××—20×× 年未分配利润为人民币 ＿＿＿＿＿元，可分配利润人民币为：＿＿＿＿＿元。

现决定将其中的人民币＿＿＿＿＿元分配给投资者。分配后尚余可分＿＿＿＿＿配利润人民币为：＿＿＿＿＿元，暂不分配。

一致同意上述决议事项。

特此决议！

股东签名：

日期：

图 4-31　股东会股利分配决议

【业务 44】 结转，无需原始凭证

第二节　账簿及申报表

一、丁字账

2021 年 12 月　　日—12 月　　日丁字账如下：

库存现金	
借	贷

银行存款	
借	贷

应收账款	
借	贷

预付账款	
借	贷

其他应收款	
借	贷

固定资产清理	
借	贷

应收票据	
借	贷

短期借款	
借	贷

周转材料	
借	贷

库存商品	
借	贷

固定资产	
借	贷

累计折旧	
借	贷

无形资产	
借	贷

累计摊销	
借	贷

长期待摊费用	
借	贷

待处理财产损溢	
借	贷

应付账款	
借	贷

预收账款	
借	贷

应付职工薪酬	
借	贷

应交税费	
借	贷

实收资本	
借	贷

递延收益	
借	贷

其他应付款	
借	贷

主营业务收入	
借	贷

主营业务成本		营业税金及附加		销售费用		管理费用	
借	贷	借	贷	借	贷	借	贷

营业外收入		其他业务收入		财务费用		其他业务成本	
借	贷	借	贷	借	贷	借	贷

所得税费用		本年利润		利润分配	
借	借　贷	借	贷	借	贷

二、科目汇总表

科目汇总表填报如下：

表4-78 科目汇总表(一)

单位名称：　　　　　　　　　　　　　　　　　　　单位：元

科汇字第　　　号

2021 年 12 月 1 日至 10 日　　　记账凭证：第　　号 到 第　　号止

会计科目	总账页数	本期发生额																			附注：收款、付款、转账三种凭证分别汇总
		借方金额									贷方金额										
		百	十	万	千	百	十	元	角	分	百	十	万	千	百	十	元	角	分		
合　计																					

会计主管：　　　　　　记账：　　　　　　　　　　审核：　　　　　　　　　制表：

表 4-79　科目汇总表（二）

单位名称：　　　　　　　　　　　　　　　　　　　　　单位：元

科汇字第　　　号

2021 年 12 月 11 日至 20 日　　　记账凭证：第　　　号 到 第　　　号止

会计科目	总账页数	本期发生额																			附注：收款、付款、转账三种凭证分别汇总
		借方金额									贷方金额										
		百	十	万	千	百	十	元	角	分	百	十	万	千	百	十	元	角	分		
合　计																					

会计主管：　　　　　记账：　　　　　审核：　　　　　制表：

表 4-80　科目汇总表（三）

单位名称：　　　　　　　　　　　　　　　　　　　　　单位：元

科汇字第　　　号

2021 年 12 月 21 日至 31 日　　　记账凭证：第　　　号 到 第　　　号止

会计科目	总账页数	本期发生额																		附注：收款、付款、转账三种凭证分别汇总
		借方金额									贷方金额									
		百	十	万	千	百	十	元	角	分	百	十	万	千	百	十	元	角	分	
合　计																				

会计主管：　　　　　　　记账：　　　　　　　审核：　　　　　　　制表：

三、记账凭证序时簿

表 4-81　2021 年 12 月记账凭证序时簿

日期	凭证字号	摘要	科目名称	借方	贷方
		合计			

四、总分类账试算平衡表

表 4-82　总分类账试算平衡表

2021 年 12 月

科目代码	科目名称	期初余额借方	期初余额贷方	本期发生额借方	本期发生额贷方	期末余额借方	期末余额贷方
	合计						

五、资产负债表和利润表

表 4-83 资产负债表

2021 年 12 月 31 日

资　产	期末余额	年初余额	负债和所有者权益 (或股东权益)	期末余额	年初余额
流动资产:			流动负债:		
货币资金			短期借款		
交易性金融资产			交易性金融负债		
短期投资					
应收票据			应付票据		
应收账款			应付账款		
预付款项			预收款项		
应收利息			应付职工薪酬		
应收股利			应交税费		
其他应收款			应付利息		
存货			应付股利		
一年内到期的非流动资产			其他应付款		
其他流动资产			一年内到期的非流动负债		
流动资产合计			其他流动负债		
非流动资产:			流动负债合计		
可供出售金融资产			非流动负债:		
持有至到期投资			长期借款		
长期应收款			应付债券		

资　产	期末余额	年初余额	负债和所有者权益 (或股东权益)	期末余额	年初余额
长期股权投资			长期应付款		
投资性房地产			专项应付款		
固定资产			预计负债		
在建工程			递延所得税负债		
工程物资			其他非流动负债		
固定资产清理			非流动负债合计		
生产性生物资产			负债合计		
油气资产			所有者权益 (或股东权益)：		
无形资产			实收资本 (或股本)		
开发支出			资本公积		
商誉			减：库存股		
长期待摊费用			盈余公积		
递延所得税资产			未分配利润		
其他非流动资产			所有者权益 (或股东权益) 合计		
非流动资产合计					
资产总计			负债和所有者权益 (或股东权益) 总计		

表 4-84 利 润 表

2021 年度

项　　目	本期金额	本年累计
一、营业收入		
减：营业成本		
营业税金及附加		
销售费用		
管理费用		
财务费用		
资产减值损失		
加：公允价值变动收益（损失以"–"号填列）		
投资收益（损失以"–"号填列）		
其中：对联营企业和合营企业的投资收益		
二、营业利润（亏损以"–"号填列）		
加：营业外收入		
减：营业外支出		
其中：非流动资产处置损失		
三、利润总额（亏损总额以"–"号填列）		
减：所得税费用		
四、净利润（净亏损以"–"号填列）		
五、每股收益：		
（一）基本每股收益		
（二）稀释每股收益		

六、增值税纳税申报表

表 4-85　增值税及附加税费申报表
(一般纳税人适用)

根据国家税收法律法规及增值税相关规定制定本表。纳税人不论有无销售额，均应按税务机关核定的纳税期限填写本表，并向当地税务机关申报。

税款所属时间：自　年　月　日至　年　月　日　　　填表日期：　年　月　日　　　　　　　　　　　金额单位：元 (列至角分)

纳税人识别号 (统一社会信用代码)：□□□□□□□□□□□□□□□□□□□□　　　所属行业：

纳税人名称：		法定代表人姓名		注册地址		生产经营地址	
开户银行及账号				登记注册类型		电话号码	

项　目		栏次	一般项目		即征即退项目	
			本月数	本年累计	本月数	本年累计
销售额	(一) 按适用税率计税销售额	1				
	其中：应税货物销售额	2				
	应税劳务销售额	3				
	纳税检查调整的销售额	4				
	(二) 按简易办法计税销售额	5				
	其中：纳税检查调整的销售额	6				
	(三) 免、抵、退办法出口销售额	7			—	—
	(四) 免税销售额	8			—	—
	其中：免税货物销售额	9			—	—
	免税劳务销售额	10			—	—

续表一

项　　　目		栏次	一般项目		即征即退项目	
			本月数	本年累计	本月数	本年累计
税款计算	销项税额	11				
	进项税额	12				
	上期留抵税额	13				—
	进项税额转出	14				
	免、抵、退应退税额	15			—	—
	按适用税率计算的纳税检查应补缴税额	16			—	—
	应抵扣税额合计	17 = 12 + 13 − 14 − 15 + 16		—		—
	实际抵扣税额	18(如 17 < 11，则为 17，否则为 11)				
	应纳税额	19 = 11 − 18				
	期末留抵税额	20 = 17 − 18				—
	简易计税办法计算的应纳税额	21				
	按简易计税办法计算的纳税检查应补缴税额	22			—	—
	应纳税额减征额	23				
	应纳税额合计	24 = 19 + 21 − 23				
税款缴纳	期初未缴税额 (多缴为负数)	25				
	实收出口开具专用缴款书退税额	26			—	—
	本期已缴税额	27 = 28 + 29 + 30 + 31				
	① 分次预缴税额	28		—		—
	② 出口开具专用缴款书预缴税额	29		—		—

项　目		栏次	一般项目		即征即退项目	
			本月数	本年累计	本月数	本年累计
税款缴纳	③ 本期缴纳上期应纳税额	30				
	④ 本期缴纳欠缴税额	31				
	期末未缴税额（多缴为负数）	32 = 24 + 25 + 26 − 27				
	其中：欠缴税额（≥ 0）	33 = 25 + 26 − 27		—		—
	本期应补（退）税额	34 = 24 − 28 − 29		—		—
	即征即退实际退税额	35	—	—		
	期初未缴查补税额	36			—	—
	本期入库查补税额	37			—	—
	期末未缴查补税额	38 = 16 + 22 + 36 − 37			—	—
附加税费	城市维护建设税本期应补（退）税额	39			—	—
	教育费附加本期应补（退）费额	40			—	—
	地方教育附加本期应补（退）费额	41			—	—

声明：此表是根据国家税收法律法规及相关规定填写的，本人（单位）对填报内容（及附带资料）的真实性、可靠性、完整性负责。

纳税人（签章）：　　　年　　月　　日

经办人：

经办人身份证号：

代理机构签章：

代理机构统一社会信用代码：

受理人：

受理税务机关（章）：　　受理日期：　　年　　月　　日

表 4-86 增值税及附加税费申报表附列资料（一）

(本期销售情况明细)

税款所属时间： 年 月 日至 年 月 日

纳税人名称：(公章)

金额单位： 元(列至角分)

项目及栏次			开具增值税专用发票		开具其他发票		未开具发票		纳税检查调整		合计			服务、不动产和无形资产扣除项目本期实际扣除金额	扣除后	
			销售额	销项(应纳)税额	销售额	销项(应纳)税额	销售额	销项(应纳)税额	销售额	销项(应纳)税额	销售额	销项(应纳)税额	价税合计		含税(免税)销售额	销项(应纳)税额
			1	2	3	4	5	6	7	8	$9=1+3+5+7$	$10=2+4+6+8$	$11=9+10$	12	$13=11-12$	$14=13\div(100\%+税率或征收率)\times税率或征收率$
一、一般计税方法计税	全部征税项目	13%税率的货物及加工修理修配劳务	1											—	—	—
		13%税率的服务、不动产和无形资产	2													
		9%税率的货物及加工修理修配劳务	3											—	—	—
		9%税率的服务、不动产和无形资产	4													
		6%税率	5													
	其中：即征即退项目	即征即退货物及加工修理修配劳务	6	—	—	—	—	—	—	—	—				—		
		即征即退服务、不动产和无形资产	7	—	—	—	—	—	—	—	—						

一、二、三、四栏		项目	栏次														
二、简易计税方法计税	全部征税项目	6%征收率	8							—	—			—	—	—	—
		5%征收率的货物及加工修理修配劳务	9a							—	—			—	—	—	—
		5%征收率的服务、不动产和无形资产	9b							—	—						
		4%征收率	10							—	—			—	—	—	—
		3%征收率的货物及加工修理修配劳务	11							—	—			—	—	—	—
		3%征收率的服务、不动产和无形资产	12							—	—						
		预征率 %	13a							—	—						
		预征率 %	13b							—	—						
		预征率 %	13c														
	其中：即征即退项目	即征即退货物及加工修理修配劳务	14	—	—	—	—	—	—	—				—	—	—	—
		即征即退服务、不动产和无形资产	15	—	—	—	—	—	—	—							
三、免抵退税		货物及加工修理修配劳务	16	—	—		—		—	—			—				
		服务、不动产和无形资产	17	—	—		—		—	—			—				—
四、免税		货物及加工修理修配劳务	18				—		—	—							
		服务、不动产和无形资产	19	—	—		—		—	—							—

表 4-87　增值税及附加税费申报表附列资料（二）

(本期进项税额明细)

税款所属时间：　　年　月　日至　年　月　日

纳税人名称：（公章）　　　　　　　　　　　　　　　　　　　　　　　　　　金额单位：元（列至角分）

一、申报抵扣的进项税额				
项目	栏次	份数	金额	税额
（一）认证相符的增值税专用发票	1 = 2 + 3			
其中：本期认证相符且本期申报抵扣	2			
前期认证相符且本期申报抵扣	3			
（二）其他扣税凭证	4 = 5 + 6 + 7 + 8a + 8b			
其中：海关进口增值税专用缴款书	5			
农产品收购发票或者销售发票	6			
代扣代缴税收缴款凭证	7		—	
加计扣除农产品进项税额	8a	—	—	
其他	8b			
（三）本期用于购建不动产的扣税凭证	9			
（四）本期用于抵扣的旅客运输服务扣税凭证	10			
（五）外贸企业进项税额抵扣证明	11	—	—	
当期申报抵扣进项税额合计	12 = 1 + 4 + 11			
二、进项税额转出额				
项目	栏次	税额		
本期进项税转出额	13 = 14 至 23 之和			
其中：免税项目用	14			
集体福利、个人消费	15			
非正常损失	16			
简易计税方法征税项目用	17			

项目	栏次	税额
免抵退税办法不得抵扣的进项税额	18	
纳税检查调减进项税额	19	
红字专用发票信息表注明的进项税额	20	
上期留抵税额抵减欠税	21	
上期留抵税额退税	22	
异常凭证转出进项税额	23a	
其他应作进项税额转出的情形	23b	

三、待抵扣进项税额

项目	栏次	份数	金额	税额
（一）认证相符的增值税专用发票	24	—	—	—
期初已认证相符但未申报抵扣	25			
本期认证相符且本期未申报抵扣	26			
期末已认证相符但未申报抵扣	27			
其中：按照税法规定不允许抵扣	28			
（二）其他扣税凭证	29＝30至33之和			
其中：海关进口增值税专用缴款书	30			
农产品收购发票或者销售发票	31			
代扣代缴税收缴款凭证	32		—	
其他	33			
	34			

四、其他

项目	栏次	份数	金额	税额
本期认证相符的增值税专用发票	35			
代扣代缴税额	36	—	—	

表 4-88　增值税及附加税费申报表附列资料 (三)
(服务、不动产和无形资产扣除项目明细)

税款所属时间:　　年　月　日至　年　月　日

纳税人名称: (公章)　　　　　　　　　　　　　　　　　　　　　　　　　　　　　　金额单位: 元 (列至角分)

项目及栏次		本期服务、不动产和无形资产价税合计额 (免税销售额)	服务、不动产和无形资产扣除项目				
			期初余额	本期发生额	本期应扣除金额	本期实际扣除金额	期末余额
		1	2	3	4 = 2 + 3	5(5 ≤ 1 且 5 ≤ 4)	6 = 4 - 5
13% 税率的项目	1						
9% 税率的项目	2						
6% 税率的项目 (不含金融商品转让)	3						
6% 税率的金融商品转让项目	4						
5% 征收率的项目	5						
3% 征收率的项目	6						
免抵退税的项目	7						
免税的项目	8						

表4-89 增值税及附加税费申报表附列资料(四)
(税额抵减情况表)

税款所属时间： 年 月 日至 年 月 日

纳税人名称：（公章）   金额单位：元（列至角分）

	一、税额抵减情况					
序号	抵减项目	期初余额	本期发生额	本期应抵减税额	本期实际抵减税额	期末余额
		1	2	3 = 1 + 2	4 ≤ 3	5 = 3 - 4
1	增值税税控系统专用设备费及技术维护费					
2	分支机构预征缴纳税款					
3	建筑服务预征缴纳税款					
4	销售不动产预征缴纳税款					
5	出租不动产预征缴纳税款					
	二、加计抵减情况					
序号	加计抵减项目	期初余额	本期发生额	本期调减额	本期可抵减额	本期实际抵减额	期末余额
		1	2	3	4 = 1 + 2 - 3	5	6 = 4 - 5
6	一般项目加计抵减额计算						
7	即征即退项目加计抵减额计算						
8	合计						

表 4-90　增值税减免税申报明细表

税款所属时间：自　　年　月　日至　　年　月　日

纳税人名称：（公章）　　　　　　　　　　　　　　　　　　　　　　　　金额单位：元（列至角分）

一、减税项目						
减税性质代码及名称	栏次	期初余额	本期发生额	本期应抵减税额	本期实际抵减税额	期末余额
		1	2	3 = 1 + 2	4 ≤ 3	5 = 3 - 4
合　计	1					
	2					
	3					
	4					
	5					
	6					
二、免税项目						
免税性质代码及名称	栏次	免征增值税项目销售额	免税销售额扣除项目本期实际扣除金额	扣除后免税销售额	免税销售额对应的进项税额	免税额
		1	2	3 = 1 - 2	4	5
合　计	7					
出口免税	8		—	—	—	
其中：跨境服务	9		—	—	—	
	10				—	
	11				—	
	12				—	
	13				—	
	14				—	
	15				—	

七、消费税纳税申报表

表 4-91 消费税及附加税费申报表

税款所属期：自　年　月　日至　年　月　日

纳税人识别号（统一社会信用代码）：□□□□□□□□□□□□□□□□□□□□□

纳税人名称：

金额单位：人民币元（列至角分）

应税 消费品名称 ＼ 项目	适用税率		计量单位	本期销售数量	本期销售额	本期应纳税额
	定额税率	比例税率				
	1	2	3	4	5	$6=1 \times 4 + 2 \times 5$
合计	—	—	—		—	
				栏次	本期税费额	
本期减（免）税额				7		
期初留抵税额				8		
本期准予扣除税额				9		
本期应扣除税额				$10 = 8 + 9$		

续表

			栏次	本期税费额
本期实际扣除税额			11[10 ≤ (6 - 7)，则为10，否则为6 - 7]	
期末留抵税额			12 = 10 - 11	
本期预缴税额			13	
本期应补（退）税额			14 = 6 - 7 - 11 - 13	
城市维护建设税本期应补（退）税额			15	
教育费附加本期应补（退）费额			16	
地方教育附加本期应补（退）费额			17	

声明：此表是根据国家税收法律法规及相关规定填写的，本人（单位）对填报内容（及附带资料）的真实性、可靠性、完整性负责。

纳税人（签章）：　　年　月　日

经办人： 经办人身份证号： 代理机构签章： 代理机构统一社会信用代码：	受理人： 受理税务机关（章）： 受理日期：　　　年　月　日

表 4-92 卷烟生产企业合作生产卷烟消费税情况报告表
(卷烟生产环节消费税纳税人适用)

品牌输出方		品牌输入方		卷烟条包装商品条码	卷烟牌号规格	销量	销售价格	销售额	品牌输入方已缴纳税款
企业名称	统一社会信用代码	企业名称	统一社会信用代码						
1	2	3	4	5	6	7	8	9	10
合计						—			

表 4-93 消费税附加税费计算表

金额单位：元 (列至角分)

税(费)种	计税(费)依据	税(费)率(%)	本期应纳税(费)额	本期减免税(费)额		本期是否适用增值税小规模纳税人"六税两费"减征政策		本期已缴税(费)额	本期应补(退)税(费)额
	消费税税额			减免性质代码	减免税(费)额	□是 □否			
						减征比例 (%)	减征额		
	1	2	3 = 1 × 2	4	5	6	7 = (3 − 5) × 6	8	9 = 3 − 5 − 7 − 8
城市维护建设税									
教育费附加									
地方教育附加									
合计	—	—		—		—			

八、企业所得税纳税申报表

表 4-94　中华人民共和国企业所得税月（季）度预缴纳税申报表 (A 类)(A200000)

税款所属期间：　　年　月　日至　　年　月　日

纳税人识别号（统一社会信用代码）：□□□□□□□□□□□□□□□□□□

金额单位：人民币元（列至角分）

纳税人名称：

优惠及附报事项有关信息									
项　　目	一季度		二季度		三季度		四季度		季度平均值
	季初	季末	季初	季末	季初	季末	季初	季末	
从业人数									
资产总额（万元）									
国家限制或禁止行业	□是 □否				小型微利企业				□是 □否
附报事项名称									金额或选项
事项 1	（填写特定事项名称）								
事项 2	（填写特定事项名称）								
预缴税款计算									本年累计
1	营业收入								
2	营业成本								
3	利润总额								
4	加：特定业务计算的应纳税所得额								
5	减：不征税收入								

	预 缴 税 款 计 算	本年累计
6	减：资产加速折旧、摊销（扣除）调减额（填写 A201020)	
7	减：免税收入、减计收入、加计扣除 (7.1 + 7.2 + …)	
7.1	（填写优惠事项名称）	
7.2	（填写优惠事项名称）	
8	减：所得减免 (8.1 + 8.2 + …)	
8.1	（填写优惠事项名称）	
8.2	（填写优惠事项名称）	
9	减：弥补以前年度亏损	
10	实际利润额 (3 + 4 − 5 − 6 − 7 − 8 − 9)\ 按照上一纳税年度应纳税所得额平均额确定的应纳税所得额	
11	税率 (25%)	
12	应纳所得税额 (10 × 11)	
13	减：减免所得税额 (13.1 + 13.2 + …)	
13.1	（填写优惠事项名称）	
13.2	（填写优惠事项名称）	
14	减：本年实际已缴纳所得税额	
15	减：特定业务预缴（征）所得税额	
16	本期应补（退）所得税额 (12 − 13 − 14 − 15)\ 税务机关确定的本期应纳所得税额	

汇总纳税企业总分机构税款计算			
17	总机构	总机构本期分摊应补（退）所得税额(18＋19＋20)	
18		其中：总机构分摊应补（退）所得税额(16×总机构分摊比例 ____%)	
19		财政集中分配应补（退）所得税额(16×财政集中分配比例 ____%)	
20		总机构具有主体生产经营职能的部门分摊所得税额(16×全部分支机构分摊比例 ____%×总机构具有主体生产经营职能部门分摊比例 ____%)	
21	分支机构	分支机构本期分摊比例	
22		分支机构本期分摊应补（退）所得税额	
实际缴纳企业所得税计算			
23	减：民族自治地区企业所得税地方分享部分（□ 免征 □ 减征：减征幅度 ____%）		本年累计应减免金额 [(12 － 13 － 15)×40%×减征幅度]
24	实际应补（退）所得税额		

谨声明：　本纳税申报表是根据国家税收法律法规及相关规定填报的，是真实的、可靠的、完整的。

纳税人（签章）：　　　年　　月　　日

经办人： 经办人身份证号： 代理机构签章： 代理机构统一社会信用代码：	受理人： 受理税务机关（章）： 受理日期：　　　年　　月　　日

国家税务总局监制

表 4-95　资产加速折旧、摊销（扣除）优惠明细表 (A201020)

行次	项目	本年享受优惠的资产原值	本年累计折旧\摊销(扣除)金额				
			账载折旧\摊销金额	按照税收一般规定计算的折旧\摊销金额	享受加速政策计算的折旧\摊销金额	纳税调减金额	享受加速政策优惠金额
		1	2	3	4	5	6 = 4 - 3
1	一、加速折旧、摊销（不含一次性扣除，1.1 + 1.2 + …）						
1.1	（填写优惠事项名称）						
1.2	（填写优惠事项名称）						
2	二、一次性扣除 (2.1 + 2.2 + …)						
2.1	（填写优惠事项名称）						
2.2	（填写优惠事项名称）						
3	合计 (1 + 2)						

表 4-96 企业所得税汇总纳税分支机构所得税分配表 (A202000)

税款所属期间： 年 月 日至 年 月 日

总机构名称 (盖章)：

总机构纳税人识别号 (统一社会信用代码)：　　　　　　　　　　　　　　　　　　　　金额单位：元 (列至角分)

应纳所得税额		总机构分摊所得税额		总机构财政集中分配所得税额			分支机构分摊所得税额	
分支机构情况	分支机构纳税人识别号 (统一社会信用代码)	分支机构名称	三项因素			分配比例	分配所得税额	
			营业收入	职工薪酬	资产总额			
	合计							

九、记账凭证

装订线

收款凭证

字第　　　号

借方科目：

年　月　日

摘要	贷方		金额											√
	总账科目	明细科目	亿	千	百	十	万	千	百	十	元	角	分	
合计														

附单据　　张

会计主管：　　　　记账：　　　　出纳：　　　　复核：　　　　制单：

图 4-32　收款凭证

付款凭证

字第　　　号

贷方科目：

年　月　日

摘要	贷方		金额											√
	总账科目	明细科目	亿	千	百	十	万	千	百	十	元	角	分	
合计														

附单据　张

会计主管：　　　　记账：　　　　出纳：　　　　复核：　　　　制单：

图 4-33　付款凭证

装
订
线

转账凭证

年　月　日

摘要	总账科目	明细科目	借方金额											贷方金额											√附单据
			亿	千	百	十	万	千	百	十	元	角	分	亿	千	百	十	万	千	百	十	元	角	分	
																									张
合计																									

会计主管：　　　　　记账：　　　　　出纳：　　　　　复核：　　　　　制单：

图 4-34　转账凭证

原始凭证粘贴单

年　　月　　日

共粘贴原始凭证　　　　张　　　金额合计：¥　　　　　　　　　　签名

图 4-35　原始凭证粘贴单

十、日记账、总账和明细账账页

日记账

第 _____ 页

年		凭证		摘要	对方科目	票号	借方											贷方											借或贷	余额											核对
月	日	种类	号数				亿	千	百	十	万	千	百	十	元	角	分	亿	千	百	十	万	千	百	十	元	角	分		亿	千	百	十	万	千	百	十	元	角	分	

图4-36　日记账

总　账

	本账页次	
	本户页次	

户名或科目 _____

年		凭证		摘要	借方										贷方										借或贷	余额										核对
月	日	种类	号数		亿	千	百	十	万	千	百	十	元	角	分	亿	千	百	十	万	千	百	十	元	角	分		亿	千	百	十	万	千	百	十	元	角	分	

图 4-37　总账

多栏式明细账

账号	
页数	

会计科目 _____

年		凭证号别	摘要	借方										贷方										借或贷	余额										借方																													
月	日			千	百	十	万	千	百	十	元	角	分	千	百	十	万	千	百	十	元	角	分		千	百	十	万	千	百	十	元	角	分	十	万	千	百	十	元	角	分	十	万	千	百	十	元	角	分	十	万	千	百	十	元	角	分

图 4-38　多栏式明细账

进销存明细账

最高存量：

最低存量：

账号

总页码

页次

会计科目 _____

品名： _____ 类别 ____ 存放地点 ____ 规格 ____ 计量单位 个 编号 ____

年		凭证		摘要	借（收入）方			贷（发出）方			借或贷	结　存			核对
月	日	种类	号数		数量	单价	金额 亿千百十万千百十元角分	数量	单价	金额 亿千百十万千百十元角分		数量	单价	金额 亿千百十万千百十元角分	

图 4-39　进销存明细账

参 考 文 献

[1]　全国税务师职业资格考试教材编写组. 税法（Ⅰ)[M]. 北京：中国税务出版社，2021.

[2]　全国税务师职业资格考试教材编写组. 税法（Ⅱ)[M]. 北京：中国税务出版社，2021.

[3]　全国税务师职业资格考试教材编写组. 涉税服务实务 [M]. 北京：中国税务出版社，2021.

[4]　中华人民共和国财政部. 企业会计准则：2020 年版 [M]. 上海：立信会计出版社，2020.

[5]　中华人民共和国财政部. 企业会计准则应用指南：2020 年版 [M]. 上海：立信会计出版社，2020.